日本神話の深層心理

アマテラス　スサノヲ　オホクニヌシの役割

吉田敦彦

大和書房

日本神話の深層心理　目次

アマテラスの慈悲

太母への愛に駆られ続けたスサノヲ

女神たちに熱愛されたオホクニヌシ

オホクニヌシの「国作り」

オホクニヌシの国譲りと天孫の降臨

アマテラスの慈悲

生まれてすぐ天界の女王になったアマテラス

日本神話の主人公の神様は言うまでもなく、目映《まばゆ》い光で世界を照らしている、太陽の女神アマテラス大御神です。

『日本書紀』に本文として記されている神話ではこの女神は、イザナキとイザナミが最後に産んだ、四人の子どもたちの一人で、ツクヨミ、ヒルコ、スサノヲという、三人の弟神たちに先立って誕生したとされています。

イザナキとイザナミは太古に、天から下りて来て地上で最初の夫婦になり、まず「大八州《おほやしま》」と呼ばれる、日本の国土の島を産み、そのあとに続いていろいろな神々を産んだとされている、男神と女神です。この記事によればこの二神は、その終わりにこう言い合いました。

「吾已《すで》に大八州国《おほやしまのくに》及び山川草木《やまかはくさき》を生めり。何《いか》に天下《あめのした》の主者《きみたるもの》を生まざらむ。」

二神はこのように、自分たちがした「国産み」と「神産み」の締め括りとして、「天下の主者」つまり、でき上がった世界の支配者となる、偉い神様を誕生させることにしたというのです。そしてそのために生まれたのが、オホヒルメノムチ（大日孁貴）とも、アマテラス大神ともいう、太陽の女神で、イザナミの胎から生まれ出るとすぐに、「此の子、光華明彩《ひかりうるは》しくして、六合《くに》の内に照り徹る」と言われているように、麗わしい光輝を燦然と放って、世界を明るく照らしました。

両親の神はそれで、自分たちが意図したまさにその通りに、「天下の主者」になるのに相応しい、世にも尊い子の神が生まれたことを大喜びして、「自分たちには多くの子がいるが、こんな不思議きわまりない霊威を持った子は、ほかにいない。いつまでも下界に留めておいてはならないので、すぐに天に送って、天上界を授けて治めさせよう」と、言い合いました。そしてそのときには天と地が、まだ今ほど遠く離れていなくて、一本の柱で連結されていたので、その「天柱《あめのみはしら》」を通して天上に送り昇らせたのだと、言われています。そのことは、こう物語られています。

故《かれ》、二《ふたにしら》の神喜びて曰はく、「吾が息多《こさは》ありと雖《いへど》も、未だ若此《かく》霊《くしび》に異《あや》しき児有らず。久しく此の国に留《と》めまつるべからず。自づから当に早《すみやか》に天《あめ》に送《おくりまつ》りて、授くるに天上《あめ》の事を以てすべし」とのたまふ。是の時に、天地、相去ること未だ遠からず。故《かれ》、天柱《あめのみはしら》を以て、天上《あめ》に挙《おくりあ》ぐ。

『古事記』ではアマテラスはイザナミからではなく、父神のイザナキの左の目から生まれたことになっています。この話ではイザナミは、神産みがそろそろ終わりになろうとしていたところで、火の神のカグッチを産んだために、陰部に大火傷を負って、苦しみながら死んだとされています。そうするとイザナキは、イザナミを生き返らせて地上に連れ戻そうとして、地下の死者の国の黄泉の国まで迎えに行きますが、結局そのことに失敗して、一人で帰って来なければなりませんでした。地上に帰って来たところでイザナキは、黄泉の国で身に付いた汚れを洗い清めるために、竺紫《つくし》の日向《ひむか》の橘《たちばな》の小門《をと》の阿波岐原《あはきはら》というところに行って、河に入って禊をしました。そしてその最後に(つまり全身がすっかり清浄になったところで)、左右の目と鼻から、アマテラスとツクヨミとスサノヲを、次々に誕生させたと物語られています。

このときイザナキは、それまで多くの子を生まれさせてきてその最後に、これらの三柱の格別に尊い子が出生したことを、大喜びしました。そしてすぐに、自分の首に掛けていた玉の飾りを取って、それを厳かに音を鳴り響かせてゆらしながら授けて、アマテラスに、「あなたは天上の世界を支配しなさい」と、命令したとされています。

そのことは、「すなはち御頸珠《みくびたま》の玉の緒《を》もゆらに取りゆらかして、天照大御神に賜ひて詔りたまひしく、『汝命《いましみこと》は、高天《たかま》の原を知らせ』と事依《ことよ》さして賜ひき」と語られています。

そうするとアマテラスは、自分がこの任命を受けたすぐあとにイザナキから、「汝命《いましみこと》は、夜《よる》の食国《をすくに》を知らせ」と言われて、夜の支配を命じられていた弟の月神のツクヨミといっしょに、父神の指示の通りに、すぐにそれぞれが天と夜の支配者の務めを、果たしはじめたとされています。そのことは、「故《かれ》、各依《おのおのよ》さしたまひし命《みこと》の随《まにま》に、知らしめす」と、言われています、

日本神話では、天上の神々の世界である高天の原には、「八百万《やほよろづ》」つまり無数の天神たちがいることになっています。そしてその夥しい数の男女の天神たちを統治しているのは、女神のアマテラス大御神だとされているわけです。しかもその天神たちの女王のアマテラスは、生まれながらにして天上界の支配者になるのが当然の資質を備えていることが、一目瞭然でした。

それで母神の胎または父神の左目から出生するとただちに、明々白々だったその天稟を親神に認められて、何の抵抗も異議も受けずに、まったく自然のこととして、天界の女王の地位に即いたことになっているわけです。

世界の神話に語られている神々の王たちの戦い

天上に神々の世界があって、そこに王の神がいることになっている神話は、日本神話のほかにも世界にたくさんあります。地上の人間のあいだに王がいて、国を支配する制度がある場所で作られる神話では、天上にも人間の王の模範になる偉い神がいて、他の神たちを指揮しながら、世界を統治していることになっているのが普通だからです。そのような神話を宗教学者た

ちは、「王権神話（kingship myth）」と呼んでいます。

それらの「王権神話」に出てくる、神々の王の最高神は、日本のアマテラス大御神の場合を除けば、すべて男性の神です。たとえばギリシアのゼウス、ローマのユピテル、北欧のオージン、エジプトのレー、バビロニアのマルドゥク、イランのアフラ・マズダー、あるいは中国の天帝などのように。しかもその男性の最高神は多くの場合に、世界の支配者になるために、自分より前にそこに主として跳梁していた、兇暴な神や怪物を、激しい戦いの末に打ち負かしました。そして自身の親や先祖だったとされていることが多いその強敵を、虐殺するなどして世界から抹殺して、その偉業によって自分の無敵の力を満天下に誇示した上で、神々の王の地位に即いたとされています。

たとえばギリシア神話ではゼウスは、彼の前に神々の王だった父のクロノスと、その兄たちで、ゼウスにとっては伯父だった、ティタンと呼ばれる太古の神々と、十年間休みなしに熾烈な戦いをしました。その最後に彼は、手に入れた無敵の武器の雷を投げつけて、ついに敵をすべて打ち倒しました。そして抵抗できなくなった父と伯父たちを、容赦なく縛り上げ、天と地が離れているのと同じだけ大地から遠く隔った地底の奥深くにある暗黒界のタルタロスに閉じ籠めて、出てくることができなくしました。その上で彼は、こうしてこの世からいなくなったクロノスに代わり、神々の王として、世界を統治し続けることになったのだとされています。

バビロニアの神話ではマルドゥクは、神々みんなの祖先だったとされている、ティアマトという、竜蛇の形をした海水の女神を、激しい一騎打ちの戦いの末に惨殺しました。そして殺したティアマトの死体から、天地を造って、その支配者になったのだとされています。

この戦闘でマルドゥクは、網を投げかけてティアマトを包み、怒って大きく開けた口から、まず体内に悪風を送りこんで、女神の腹を大きくふくらませました。それからいっぱいに開いたままになっている口から、矢を射こんで、内臓を引き裂き、心臓を射抜いて、ティアマトを殺しました。その凄惨きわまりない殺戮の模様は、創世神話を取り扱った叙事詩の『エヌーマ・エリシュ』にこう生々しく歌われています(1)。

主(=マルドゥク)はかれの網をひろげ、彼女(=ティアマト)を包みこみ、
うしろについてきた悪風を前へ放った。
ティアマトはそれを噬みこもうと口を開けた。
かれは悪風を(彼女の体内に)送りこみ、口を閉められないようにした。
荒れ狂う風は彼女の腹をふくらませた。
彼女の体内はふくれあがり、彼女は口を大きく開けた。
かれが矢を放つと、それは彼女の腹の中を裂き、

内臓を切りさき、心臓を射ぬいた。
かれは彼女をしばり、彼女の生命を奪った。
かれは彼女の死骸を放りだし、その上に立った。

それからマルドゥクは、『エヌーマ・エリシュ』に、「かれは干し魚のようにそれを二つに切り裂き」と歌われている[2]ように、ティアマトの死体を真っ二つに裂きました。そして上半分を、「その半分を固定し、天として張りめぐらした」と言われている[3]ようにして、天にし、下半分からは乳房を立派な山にするなどして大地を作り、ユーフラテス河とティグリス河を、死体の両目から流れ出させました。この偉業を神々のみんなから賞讃されて、もっとも年若な神だったマルドゥクが、神々の王として崇められることになったのだと、物語られています。

北欧神話でもオージンは、やはりまだ天も地もできていなかった太古に、混沌に近い状態だった当時の世界の主で、ユミルともアウゲルミルとも呼ばれていた、巨大な魔物を、ヴィリとヴェーという二人の弟神たちと、力を合わせて戦って殺しました。ユミルが倒れたとき、その傷から流れ出た大量の血によって、大洪水が起き、ユミルから生じていた巨人たちは溺れ死にましたが、ベルゲルミルという巨人とその妻だけが、丸太を刳り抜いた舟に乗って逃げのびました。そしてこの夫婦から、現在の世界で神々と敵対している、兇悪な霜の巨人たちの種族が発生したのだと言われています。

ユミルを殺したあとに、オージンはヴィリとヴェーといっしょに、この巨魔の死骸から、肉を大地に、骨を岩石に、頭蓋骨を天に、血を海にするなどして、現在の世界を作りました。そしてそこにオージンが、神々の王として君臨することになったのだと、物語られています。

太古にヤハウェもした竜との戦い

マルドゥクとティアマトの戦いと似たところのある、原古に、王の神と海の主だった竜蛇の形をした怪物との悽惨な死闘のことは、イスラエル人の神話の中にあります。彼らの神のヤハウェによる、レヴィアタンともラハブとも呼ばれる、怪物の殺害は、ヤハウェによる天地の創造の前提になった事件だったとされています。このことへのはっきりした言及は、「詩篇」や「ヨブ記」や「預言書」など、『旧約聖書』の方々に見出されます。たとえば「詩篇」の七四、一二〜一七には、原初の海から出て来たこの多頭の竜の頭を粉砕したことが、ヤハウェによる創造の業の端緒となったことが、こう歌われています。

神はいにしえからわたしの王であって、
救を世の中に行われた。

あなたはみ力をもって海をわかち、
水の上の竜の頭を砕かれた。
あなたはレヴィアタンの頭をくだき、
これを野の獣に与えてえじきとされた。
あなたは泉と流れとを開き、
絶えず流れるもろもろの川をからされた。
昼はあなたのもの、夜もまたあなたのもの。
あなたは光と太陽を設けられた。
あなたは地のもろもろの境を定め、
夏と冬とを造られた。

「ヨブ記」の二六、七～一四ではこの竜は、ラハブという名の蛇だったとされています。そして太古におけるその殺戮が、天地の創造に当たって、人智ではその不思議を測ることのできぬヤハウェによって成し遂げられた、偉業の一つであったことが、こう讃美されています。

彼は北の天を空間に張り、

地を何もない所に掛けられる。
彼は水を濃い雲の中に包まれるが、
その下の雲は裂けない。
彼は月のおもてをおおい隠して、
雲をその上にのべ、
水のおもてに円を描いて、
光と闇との境とされた。
彼が戒めると、天の柱は震え、かつ驚く。
彼はその力をもって海を静め、
その知恵をもってラハブを打ち砕き、
その息をもって天を晴れわたらせ、
その手をもって逃げるへびを突き通される。
見よ、これらはただ彼の道の端にすぎない。
われわれが彼について聞く所は、
いかにかすかなささやきであろう。
しかし、その力のとどろきに至っては、だれが悟ることができるか。

「預言書」の一つの「エゼキエル書」では、紀元前五八七年当時にエジプトのファラオだった、第二六王朝のアプリスが、太古にヤハウェの敵だったこの竜に擬えられています。そしてその竜がヤハウェによって、蟠居していた海中から引き上げられて、退治されたように、このファラオも権力の拠り所としているナイル河からやがて引き出されて、惨殺される運命を免れられぬことが、エゼキエルを介して述べられるヤハウェの言葉によって、くり返して予言されています。「エゼキエル書」の二九、三～五ではそのことは、こう言っています。

語って言え。主なる神はこう言われる。
エジプトの王パロよ、
見よ、わたしはあなたの敵となる。
あなたはその川の中に伏す大いなる竜で、
「ナイル川はわたしのもの、
わたしがこれを造った」と言う。
わたしは、かぎをあなたのあごにかけ、
あなたの川の魚を、あなたのうろこにつかせ、
あなたと、あなたのうろこについているもろもろの魚を、あなたの川から引きあげ、

あなたとあなたの川のもろもろの魚を、
荒野に投げ捨てる。
あなたは野の面に倒れ、
あなたを取り集める者も、葬る者もない。
わたしはあなたを、
地の獣と空の鳥のえじきとして与える。

「エゼキエル書」三二、二〜六では、そのことはこう予言されています。

あなたは自分をもろもろの国民のうちの
ししであると考えているが、
あなたは海の中の竜のような者である。
あなたは川の中に、はね起き、
足で水をかきまぜ、川を濁す。
主なる神はこう言われる。
わたしは多くの民の集団をもって、

わたしの網をあなたに投げかけ、
あなたを網で引きあげる。
わたしはあなたを地に投げ捨て、
野の面に投げうち、
空のすべての鳥をあなたの上にとまらせ、
全地の獣にあなたを与えて飽かせる。
わたしはあなたの肉を山々に捨て、
あなたの死体で谷を満たす。
わたしはあなたの流れる血で
地を潤し、山々にまで及ぼす。
谷川はあなたの死体で満ちる。

この箇所ではヤハウェが、太古に彼が退治した竜に擬えられているエジプト王を、網を投げかけて捕えて虐殺すると言われていることが、とりわけ注目に価すると思われます。

このことは、『エヌーマ・エリシュ』の神話で、マルドゥクがティアマトを、網を投げかけ包みこんで惨殺したと物語られているのを、明らかに想起させるからです。ここではエジプト王の死体が、大地の上に投げ捨てられて、空のすべての鳥がその上にとまり、全地の獣たちがそれを食べ飽きるとも言われています。つまりファラオの死体は、地上の全面を覆って、大地と一体のようになるとされているわけで、これは『エヌーマ・エリシュ』で、ティアマトの死体の下半分が、大地そのものになったとされているのを、すぐに想い起こさせます。

つまりこの「エゼキエル書」の預言の基になったイスラエル人の神話でも、太古におけるヤハウェによる竜の殺害と、その竜の死体からの天地の創造は、『エヌーマ・エリシュ』の神話からの影響を受けて、それと細部まで似た形で語られていた可能性が、強いと考えられます。

虐殺をためらわぬ神々の王たちの酷薄さ

「エゼキエル書」二九、四〜五ではヤハウェは、太古に竜を海から引き出して殺したときと同じく、エジプト王をナイル河から引っ張り上げて虐殺するときには、ナイル河に住むすべての魚たちも、竜であるファラオのうろこに付かせて、いっしょに河から引き上げ、みなひとしなみに惨殺して、死体を荒野に投げ捨てると言って、威嚇していることになっています。つまりファラオがヤハウェから、凄惨な罰を受けるときには、夥しい数の彼の眷属の者たちも、一人残らず王と同じ目に合わせられて、惨めきわまりない死を遂げるのを免れることはできないと予言されているわけです。

このように敵対する者を容赦なく厳罰に処して、一味徒党もろとも虐殺し尽くすことをためらわぬ、峻厳な酷薄さは、神話の中で神々の王の地位を占めている、男性の最高神たちのすべてに共通しています。

懲罰される者が殺すことのできぬ、不死の存在である場合には、罰はしばしば、まさにサディズムの極致というほかないような、残忍きわまりないものになります。ヘシオドスの『神統記』には、プロメテウスが天から火を盗み出して人間に与えたことに激怒して、ゼウスがこの神に課した、生き地獄のような極刑のことが、こう歌われています。

さまざまな企みを持つプロメテウスを、ゼウスは頑丈な枷で縛した。
苦痛を与える鎖により、柱の中央に緊束して、
そして彼に、広い翼の鷲をけしかけた。
この鷲は、彼の不滅の肝臓を食い続けた。
だがそれは夜のあいだに、広い翼の鷲が昼間のあいだ中かけて食ったのとちょうど同じだけ、また大きくなるのだった。

プロメテウスは、柱のまん中に鎖が肉に食いこむような仕方で、がんじがらめに縛りつけら

れて、昼のあいだはゼウスから送られてくる巨大な鷲によって、生きながら腹を食い破られ、肝臓を食われねばならなくされたのです。しかしプロメテウスは不死の神で、肝臓も不滅であるため、夜に鷲がいなくなると、翌朝までのあいだに、すっかり元通りに再生します。そのため彼は、鷲に生きたまま腹を破られて肝を食われるという苦しみを、来る日も来る日も、受け続けねばならぬことにされたのです。

またゲルマン神話では、主神オージンが、彼とかつてはたがいに血を混ぜ合わせて、義兄弟の盟約を結んだことがあったといわれる、神のロキに対して課した罰は、次のような本当に残虐きわまりないものだったとされています。

オージンの命令に従って神々は、ロキを地下にある洞穴に引き立てて行きました。ロキにはヴァーリとナルヴィという息子たちがいましたが、神々はこの二人を捕えてきて、ヴァーリを狼に変え、その狼にナルヴィを八つ裂きにさせました。そしてナルヴィの死体から腸を引き出して、それでロキを三つの岩に厳重に縛りつけてから、その腸を鉄の鎖に変えました。

さらにこのロキの刑罰には、もとは女巨人で、このときには神々の仲間入りをしていた女神のスカジによってきわめつけとなる責め苦が付け加えられました。彼の所為で巨人だった自分の父のシャツィが神々に殺されたことで、ロキに対して骨髄に徹する恨みを持ち続けていたスカジは、一匹の猛毒をもつ蛇を捕えてきました。そしてその口から吐き出される毒が、たえずロキの顔に滴るように、その蛇を彼の上に吊るしたのです。

ただロキにはシギュンという、貞節な妻の女神がいて、刑罰を受けている夫の側に付き添って、彼の顔の上に容器を差し伸べ、落ちてくる蛇の毒を懸命に受け続けています。だがその容器がいっぱいになると、彼女はロキの側を離れて、溜まった毒を捨てに行かねばなりません。それでそのあいだロキは、蛇の毒を顔に浴びて、激しく苦悶します。そのときに大地が震動して起こるのが、地震なのだと言われています。このロキの極刑は、現在の世界が終わりになる、ラグナロクのときまで続くとされています。

アマテラスの寛仁さと殺害に対する嫌悪

アマテラス大御神の性質は、これらの神話の神々の王たる男の神たちとは、水と油と言ってもよいほど違っています。これらの神々の王たる男神たちの厳しい無慈悲さとは打って変わって、アマテラスは徹底して寛仁で慈悲深いとされているからです。

アマテラスの極端な優しさはとりわけ、弟神のスサノヲの命《みこと》が天に昇って来て、ひどい乱暴を働いたときに、この女神がとったと物語られている措置にはっきりと見ることができます。

『古事記』によればこのときにスサノヲはまず、「天照大御神の営田《みつくた》の畔《あ》を離《はな》ち、その溝を埋《うづ》め、またその大嘗《おほにえ》を聞こしめす殿に屎《くそ》まり散らしき」と言われているような、無茶苦茶な乱暴をしました。アマテラスが天上に作らせていた田を、畔を壊したり溝を埋めて荒らした上に、その田でできる新穀をアマテラスが召し上がる祭りのために準備されていた御殿で、大便をしそれをまき散らして、神聖な祭場をさんざんに汚したというのです。

だがこんなひどいことをされてもアマテラスはスサノヲを、罰するどころか叱りもせずに、「屎如《くそな》すは、酔ひて吐き散らすとこそ、我が汝弟《なせ》の命、かく為《し》つらめ。また田の畔《あ》を離《はな》ち、溝を埋むるは、地《ところ》を惜《あたら》しとこそ、我が汝弟《なせ》の命、かく為《し》つらめ」と、無理に言い繕って、庇ってやりました。「大便のように見えるのは、スサノヲが酒に酔って、悪意ではなく粗相をして吐いたもので、田の畔を壊したり溝を埋めたのは、畔や溝になっている地面がもったいないと思い、善意でしたことだろう」と言ったというのです。

そうするとスサノヲは、このように姉神から悪事をすべて大目に見てもらったことで、かえってつけ上がり、「なほその悪しき態《わざ》止まずて転《うたて》ありき」と言われているように、ひどい乱暴を続けました。しまいにはアマテラスが、神の衣を織らせる機織りに使われていた神聖な建物の屋根の天辺に穴を開けました。そしてそこから、まだら色の毛並みをした皮を、生きたまま尻の方から剥ぎ取った、血塗れた馬を、建物の内に投げ入れました。それでそこで作業に勤しんでいた服織女《はたおりめ》の女神が、びっくり仰天した拍子に、手に持っていた機織りの道具の梭《ひ》（横糸を通すための先の鋭く尖った板）を、自分の女性器に突き刺して死んでしまいました。
それを見たアマテラスは、たちまち怖気を振るって、天の岩屋の戸を開き、中に入って内側から戸を固く閉めて、とじ籠ってしまいました。太陽の女神が隠れたため、日の光が射さず、天も地もまっ暗闇になり、暗黒の夜が果てしなく続くことになりました。そのことは『古事記』に、こう物語られています。

天照大御神、忌服屋《いみはたや》に坐《ま》して、神御衣《かむみそ》織らしめたまひし時、その服屋の頂《むね》を穿《うが》ち、天の斑馬《ふちこま》を逆剝《さかは》ぎに剝ぎて堕《おと》し入るる時に、天の服織女見驚きて、梭に陰上《ほと》を衝きて死にき。故《かれ》ここに天照大御神見畏《かしこ》みて、天の石屋戸を開きてさし籠《こも》りましき。ここに高天の原皆暗く、葦原中国悉に闇《くら》し、これによりて常夜《とこよ》往《ゆ》きき。

この話から明らかなように、容赦なく罪を罰し、そのために残酷きわまりないと思われるような呵責に訴えることもためらわない、他の神話の神々の王の男神たちとはちがい、アマテラスは、信じられぬほど慈悲深くて、どんなひどいことをされても、罰せずに許してやろうとします。だがその慈悲深さの故に、殺害がおこった場合はどうしても我慢することができず、極端と思われるようなやり方で、激しい嫌悪を表明せずにいられないとされているのです。

ウケモチの神話に見られる殺害の忌避

アマテラスがこのように、その慈悲深さの所為で、殺害だけは許容できず、はっきりと忌避することは、『日本書紀』に物語られている、次の話からも明らかに知られます。

この神話では、アマテラスの弟神のツクヨミは、当初は父のイザナキから、「日に配《なら》べて天の事を知らせ」と命令されて、姉神といっしょに並んで天を支配していたことになっています。そのツクヨミに対してアマテラスは、「葦原中国に保食神《うけもちのかみ》有りと聞く。爾《いまし》、月夜見尊、就《ゆ》きて候《み》よ」と言いました。つまり地上にウケモチという神がいると聞いているので、訪ねて行って様子を見てくるように、ツクヨミに命じたというのです。

それでツクヨミはさっそく言われた通りに地上に降り、ウケモチのもとを訪問しました。そうするとウケモチは喜んで、賓客を歓待しようとして、まず顔を国の方に向けてご飯を口から吐き出し、次に海の方を向いて大小の魚を口から出し、それから山の方を向いて、肉の美味しい獣や鳥を口から出しました。そしてそのいろいろな食物を、ご馳走に調えて、大きな台の上に載せて、ツクヨミに食べさせようとしました。

そうするとツクヨミは、顔をまっ赤にして激怒して、「なんという汚ない無礼なことをするのか。口から吐き出したものを、食べさせようとするとは、何事か」と叫び、剣を抜いてウケモチを斬り殺してしまいました。それから天に帰って、そのことをアマテラスに詳しくありのままに報告しました。するとアマテラスはそれを聞いて、たいそう立腹してツクヨミに、「あなたは悪い神なので、これからはもう顔を合わせない」と、言い渡しました。それでこのときからアマテラスはツクヨミと、昼と夜の空に別れて住むようになり、それによって太陽が空に輝く昼と、月が照る夜とが、区別されることになったのだというのです。

ウケモチは、保食神という漢字が当てられていることから分かるように、食物（ウケ）を保持している神で、ツクヨミに殺されると、死体から牛と馬とカイコの繭と五穀とが生じたとされていますが、そのとき陰部から麦と大豆と小豆が発生したと物語られていることから、明らかに女神だったと思われます。つまり、体内にさまざまな「ウケ」を無尽蔵に持っていて、それを随意に出すことのできる、食物の主の女神だったわけです。

この話ではアマテラスが、どれほど過敏に殺害を嫌悪しているかは、当初には明らかに、弟神のツクヨミにもはっきりとは、理解されていなかったことになっていると思われます。だからツクヨミは、自分にはとんでもない無礼に思えた振舞いをしたウケモチを斬殺したあとで、「然して後に復命《かへりことまう》して、具《つぶさ》に其の事を言《まう》したまふ」と言われているように、自分のしてきたことを、細大もらさずその通りに、アマテラスに報告したことになっているのでしょう。それを聞いてアマテラスが、「怒りますこと甚しくして曰はく、『汝は是悪神なり、相見じ』とのりたまひて、乃ち月夜見尊と、一日一夜、隔て離りて住みたまふ」と言われているような反応をすることは、ツクヨミにはまったく、予想されていなかったことが、明らかだと思われます。

このようにアマテラスは、非常な情け深さの故に、罪を罰するよりも赦そうとしますが、その一方で、「殺害」だけは、どうしても許容できない性質を持っているとされています。だがその我慢することのできぬ殺害が行われた場合にも、けっして自分で手を下したり、あるいは他者に命令して、その行為を働いた者を、積極的に罰することはしていません。スサノヲが乱暴を高じさせた末に、天の服織女の横死を引き起こしたときには、アマテラスは岩屋に閉じこもって、神々みんなの前から自分の姿を隠しました。またその前に、ツクヨミがウケモチを斬殺して、帰って来てそのことを報告したときには、この弟神と以後は顔を合わせることのないように、昼と夜に別れて空に出ることにしました。つまりどちらの場合にも、あくまで非暴力的なやり方で、殺害に対する激しい嫌悪を表明したとされているわけです。

このようにどこまでも暴力を忌避する、徹底した慈悲深さを特徴としていることで、アマテラスの性質には明らかに、他の神話の神々の王である男神たちの無慈悲な峻酷さとは、正反対と言っても過言ではないほど、際立った違いが見られます。

アマテラスと他の神話の処女神たち

このように徹底して優しい女神のアマテラスはまた、純潔の処女の女神です。たしかに有力な女神について、処女であることが強調されている例は、他の神話にも見られます。ギリシア神話では、オリュンポスの十二神と呼ばれる主な神々の中に、アテナとアルテミスとヘスティアと、三柱のけっして処女を汚すことのない女神たちがいることになっています。だがこれらの女神たちは、それぞれが強力ではあっても、神々の王のゼウスの地位を脅かしたり、屈伏させかねないような力を持っているとは、見なされていません。

これらのギリシア神話の処女神たちの中で、とりわけ有力なのは、ゼウスの愛娘のアテナです。ホメロスの叙事詩『イリアス』の第八歌には、そのアテナがあるとき、ゼウスの命令に背く行動をしようとしたが、父神から威嚇されてたちまちそのことを断念したことが歌われています。

それによればそのときゼウスは、地上で行われていたトロヤ軍とギリシア軍の戦いに、どちらかの味方をすることを神々に堅く禁止しておいて、戦況がトロヤ方に圧倒的に有利になるようにしていました。それでこのトロヤ戦争で、もっとも熱心にギリシア方を応援していた、アテナと、ゼウスの妃のヘラの二女神が、ゼウスの命令に逆らってギリシア軍を助けに行こうとして、武装し馬車に乗り天空の門を出て、勇ましく戦場に向かおうとしました。

するとそれを見たゼウスは激怒して、使者の役をする虹の女神のイリスを二柱の女神たちのもとに送って、四一三〜四一九行によれば、次のようなおどしの言葉を伝えさせました。

何をそう、夢中になっておいでなのですか。お胸の内で、何をそんなに、お心に躍起になっておいでなのですか。

クロノスの御子（＝ゼウス）は、アルゴス勢（＝ギリシア軍）に加勢なさるのを、お許しになりません。

クロノスの御子は、このように威嚇され、きっとそのお言葉の通りになさるでしょう。あなた方の御車につながれている、駿足の馬どもの脚を、彼はへし折られ、あなた方ご自身を、お席から突き落とされ、御車もすっかり、お毀しになられるでしょう。

そうすれば、十年の月日が過ぎてもまだ、雷で受けられるお傷が、すっかりお治りにならぬことにおなりでしょう。

そうするとヘラとアテナは、たちまちひどい怖気に取りつかれて、すごすごと天界に引き返したと言われています。

アルテミスはよく知られているように、野獣たちを支配している狩の女神で、その持物の弓には、目に見えぬ矢を射かけて、人間の女たちを思いのままに殺す力があると信じられて、恐れられていました。だがその弓を武器に使ってもこの女神には、ゼウスに対してはもとより、お妃のヘラに対しても、まともに太刀討ちできる力はないと考えられていました。『イリアス』の第二一歌には、トロヤ戦争の戦場で彼女がそのことを、ヘラから手厳しく思い知らされたことが物語られています。自分が贔屓にしているトロヤ方に加勢して矢を射ているアルテミスを見て、ヘラは四八一〜四八六行によれば、こう痛罵を浴びせました。


なんだって今日は、お前、この恥知らずの牝犬めが、この私に立ち向かおうなどという気を、起こしたのかい。

力比べの相手とするには、私は、お前には、手ごわすぎるだろうよ。

いくらお前が、その自慢の弓をもっていてもね。

人間の女たちに対しては、ゼウスが確かに、お前を、牝獅子にして、だれでも勝手に殺すのを、許しておいでだがね。

だが山の中で、野獣たちや、野性の鹿どもを、殺しているほうが、身のためだろうよ。

自分より強いものと、力で戦おうなどとするよりはね。

それからヘラは、アルテミスから弓を取り上げ、それで彼女の顔に何度も打擲を加えました。それでアルテミスは、大切な弓をその場に残したまま、天上に逃げて行って泣きながらゼウスの膝の上に坐って、ヘラから受けたひどい仕打ちを父神に訴えて慰めてもらい、そのあいだに彼女の母のレト女神が、地面に投げ捨てられていた弓を拾って来て、娘の手に戻してやったと言われています。

ヘスティアについては、『ホメロス讃歌』の「アフロディテへの讃歌1」の二六〜二八行に、このかまどの女神が、けっして男性との交わりを持たず純潔であるのは、彼女がゼウスの頭に手を触れて、永遠に処女でいるという厳そかな誓いを立て、それがその通りに守られているからだと歌われて、ヘスティアの処女性そのものが、ゼウスの権威によって保証されていることが、明言されています。

ギリシア神話に出てくる処女神たちは、このようにどんなに偉くても、神々の王のゼウスに反抗できるような力は、とうてい持っていません。たとえばローマのウェスタや、イランのアナーヒターなど、他の神話に出てくる有力な処女神たちについても、それぞれの神話の最高神の男神との関係については同じことが言えます。

娼婦のように淫乱な大女神イシュタル

それでは世界の神話に、神々の王になっている男の最高神を凌ぐような威力をもっている女神が出てくることはないのかと言えば、けっしてそんなことはありません。多くの神話には、神々の王の男神も一目置かねばならぬような、神威を持つとされている大女神が登場します。だがそれらの大女神たちはそろって、処女とはまったく正反対に、娼婦性とも呼べると思われるほど、きわめて旺盛な愛欲的性質を持っていることになっているのです。

そのような旺盛きわまりない愛欲を持つとされている、大女神の典型と見なせるのは、メソポタミアの神話に出てくる女神のイシュタルです。『ギルガメシュ叙事詩』にはこの女神があるとき、この詩の主人公のギルガメシュの勇姿を見て激しく欲情し、「来てください、ギルガメシュよ、私の夫になりなさい。あなたの果実（性的悦楽）を私に贈ってください。あなたが私の夫に、私があなたの妻になりますように」(4)と言って、熱烈に求愛したことが語られていま す。そうするとギルガメシュは、その女神の申し入れに対して、言い返した答の中で、こう言ったと歌われています(5)。

お前の若いころの恋人タンムズには、

年ごとに泣くことをお前は命じた。

お前は斑のある羊飼鳥（渡り鳥の一種）を愛したが、
それを打ちたたき、その翼を引き裂いた。

それは繁みのなかに坐り、「カッピ」（この鳥の囀り、「わたしの翼よ」という意味に聞こえる）と鳴く。

お前は力あふれるライオンを愛したが、
七つに七つの穴（罠の落とし穴）を彼のために掘ったのだ。

それからお前は戦いに名を上げた牡馬を愛したが、
鞭と拍車と殴打をお前は命令した。

七ベール（七〇キロ、果てしない距離の意味）駆け抜くことをお前は彼に命じた。

泥水を飲むことを彼に命じもした。

その母親シリリ（不詳）には、泣くことをお前は命じた。

それからお前は牧人を愛し、
彼は絶えずお前にパン菓子を積み上げた。

そして日ごとにお前のために幼な子たち（家畜の仔）を殺した。

だがお前は彼を打ちたたき、狼にかえてしまった。

彼の羊の群の牧童たちは彼を追い払った。
そして彼の犬どもは彼のももに嚙みついた。
さてお前はお前の父君の庭番イシュラヌを愛し、
彼はお前にナツメヤシの籠を絶えず運びこんだ。
そして日ごとにお前の食卓を輝かしくした。
そこでお前は彼に目をむけ、彼のもとへ行った（そして持ちかけた）。
「私のイシュラヌよ、お前の力をともに味わおう。
お前の手をのばし、わらわの腰（女陰）に触れよ」。
イシュラヌはお前に言ったものだ。
「あなたは私に何をお望みなのか。
わが母が焼き上げぬものを私は食べはしない。
悪臭と腐敗の食物を私が食べるだろうか。
寒さに対して葦細工が覆いになろうか」。
お前はこれを耳にすると、
彼を打ちたたき、もぐら（蝦蟇？）に変えてしまった。

タンムズは作物の化身でもある豊穣の神で、作物が枯れて地上から無くなる季節には、妻のイシュタルによっていったんは無慈悲に冥府に送られて、そこに捕えられますが、翌年また新緑が芽吹く季節が来ると、再生して地上に戻り、またイシュタルに愛されて夫になることを、くり返すと信じられていました。彼が冥府に行ってしまうとされていた時期には毎年、女たちによって、そのことを激しく泣いて悼む祭りが、行われる定めになっていました。

このような美青年の夫の神がいても、旺盛きわまりないイシュタルの淫欲はとうぜん、一年の作物が瑞々しく地面を覆っているあいだだけ、そのタンムズを鍾愛することで、満足するはずはありませんでした。それでこの夫のほかにも彼女は、羽の色の鮮かな鳥であれ、猛々しい獣王のライオンであれ、逞ましい軍馬であれ、また牧夫やあるいは、彼女の父神のアヌの庭園でなつめ椰子を育てている園丁の男であれ、情欲をそそる雄または男を見れば、見境いなしに、淫行の相手をさせたり露骨な誘惑をしかけます。しかも多情なイシュタルの性愛は、作物の枯れる季節が来れば夫のタンムズを毎年、弊履のように棄てて、冥府に赴かせ女たちを泣き悲しませることでも明らかなように、けっして長続きすることがありません、それでイシュタルの一時的な気紛れの相手をさせられる者は、すぐに心変わりする女神によって、一転して非情きわまりない仕打ちを受け、悲惨な目に合わされることから免れられないと信じられていました。

ギルガメシュはここで、イシュタルには耳が痛い、その甚だしく淫らで浮薄な性癖を、具体的な実例を並べあげて、痛烈に指弾しました。そして彼女の性的気紛れの犠牲者たちの仲間入りをすることなど、まっぴらごめんだと言って、求愛をにべもなく刎ねつけて、大女神をかんかんに怒らせたことになっているわけです。

強力であるほど多淫な大女神たち

メソポタミアでイシュタルと呼ばれていたこの大女神は、シリアやフェニキア、パレスティナなどではアシュタルテと呼ばれて、セム族のあいだで共通して篤く尊崇されていました。「エゼキエル書」八・一四には、「見よ、そこに女たちがすわって、タンムズのために泣いていた」と言われて、タンムズの年ごとの地上からの失踪を、女たちが激しく泣く祭りが、当時のエルサレムの神殿の北の門の付近でまで、盛んに行われていたことが明記されています。イシュタル＝アシュタルテの信仰はさらに、ギリシアにも伝播しました。ギリシア神話の美と愛の女神のアフロディテには、このセム族の大女神の性質が、はっきりと継承されています。

たしかにイシュタルと違ってアフロディテが牡の獣や雄の鳥とまで、性愛に耽ったという話は、ギリシア神話には語られていません。だがギリシアの女神たちの中では、他にまったく類の無いほど淫乱で、その駆使する愛欲の力には、ゼウスも抵抗ができず、彼女の思いのままに屈服させられてしまうことになっています。

『ホメロス讃歌』の「アフロディテへの讃歌1」の三六〜三九行には、アフロディテはそうしようと思えばいつでも、ゼウスの賢い理性を狂わせて、人間の女とでも猛烈な恋に陥らせることができるので、彼女のその不思議な力に対しては、ゼウスの無敵の武器の雷も、役に立たないことが歌われています。

アフロディテの夫は、技術の神のヘパイストスです。ギリシア神話の主な神たちはそろって絶世の美男・美女ですが、ヘパイストスは十二神の一人の有力神でありながら、例外的に、ひどい醜男である上に、足が曲がっていて歩行が不自由だとされています。それでアフロディテは、絶世の美女の自分とはまったく不釣合なこの夫を嫌って相手にせずに、粗暴だが逞しい美男子の戦いの神アレスと、姦通に耽り続け、ヘパイストスの子は一人も産まずに、アレスの種によって、恐怖の神霊であるポボスとデイモスや、調和の女神のハルモニアなどの男女の子の神たちを産んだことになっています。

その上アフロディテは、男の神だけではあきたらずに、美童のアドニスを夢中で熱愛して、美青年に育てて愛人にします。アレスはそれで猛烈に嫉妬して、アドニスが大好きな狩りに熱中しているところに、猪を送り、あるいは自分自身が猪に化身し襲いかかって、牙で急所を刺し惨死させて、アフロディテを悲嘆にくれさせます。

セム族の神話のタンムズに当たるこのアドニスはゼウスによって、毎年三分の一の期間を死者の国で過ごし、残りの期間は地上でアフロディテの愛を受けて暮らすことが、運命として定められています。つまりアドニスが誕生し、アフロディテに寵愛されてその愛人になるが、アレスの送る猪によって刺し殺されアフロディテを嘆泣させるのは、一回限りの出来事ではなく、毎年くり返されることなのです。

さらにアフロディテはイシュタルと同様に、人間の男に激しく色欲を燃やし、束の間の性愛に耽ることもあったとされています。『ホメロス讃歌』の「アフロディテへの讃歌1」には、彼女があるとき、そのときにトロヤの東のイダ山で、牛の群れを飼っていた、英雄アンキセスに懸想し、浴みして自身の体をいやが上にも美しく磨き上げ、香油を塗り、着飾ってイダ山に行き、媚態をこらして誘惑して、彼に自分を抱擁させ、その一度の情交により妊娠して、アイネイアスを産んだ経緯が、詳しく語られています。アイネイアスは、トロヤ戦争で活躍した後、イタリアに行きローマ人の祖先になった名高い英雄です。

北欧神話にはイシュタルともアフロディテとも酷似したところのある、フレイヤという大女神が登場しますが、このフレイヤが駆使するセイズと呼ばれる魔法には、オージンも一目置かねばならぬほどの威力があるとされています。フレイヤはもともとは、オージンとその一族のアース神族とは違う、ヴァンと呼ばれる豊穣神の種族に属していて、太古にはこの両神族のあいだに、激しい戦いがあったとされています。そのときにはフレイヤは、自分自身の分身だったと思われる、ヘイズともグッルヴェイグ（＝黄金の酔い）とも呼ばれる魔女をアースのもとに送りました。アースらはその魔女を三べん槍で串刺しにして焼き殺しましたが、彼女はそのたびに生き返って、セイズを駆使してオージンらをさんざんに苦しめました。それでオージンは無敵のはずの槍を投げても、ヴァンたちに対する決定的な勝利が得られず、けっきょく両神族は和解して、フレイヤが父のニヨルズと兄弟のフレイと共に、アースらの仲間入りをして、いっしょにラグナロクのときまで、世界を支配することになったのだとされています。

オージンが自家薬籠中のものとしている魔法も、じつはこのときにフレイヤによって神々のもとにもたらされたセイズにほかならず、もともとは魔女の術だったこの魔法を習得して自分のものとしたことで、オージンはロキから、「いかにも女々しいやり方をしたものだ（『エッダ』、「ロカセンナ」二四）」と言われて、罵しられたことがあったことになっています。この罵言をオージンに対して浴びせたときにロキは、神々が開いている宴会の席に乱入して、そこにいる神々の一人ひとりに対して次々に、それぞれの神の触れてもらいたくない真実を言い囃して、反論ができぬ一同をさんざん辟易させていたとされています。

フレイヤにはオーズという夫の神がいて、彼女はこの夫を熱愛して彼とのあいだに、フノッスという自身と同様に絶世の美女の娘を儲けたことになっています。あるときオーズが長い旅に出て、彼女のもとから姿を消してしまったときには、フレイヤは二頭の猫の引く車に乗って、泣きながら夫の行方を尋ねて世界中を遍歴しました。そのあいだに夫を慕って彼女が流した涙が、地中の黄金になったのだと言われています。

そのフレイヤに対してこの宴会の席でロキは、彼女がそこにいる男神たちのすべてとだけでなく、陪席をしていた地下に住む醜い技術者の侏儒の男たちの全員とまで、淫らな関係を持ったことを暴露しました。とりわけ美男子で巨大な男根を持ち、精力絶倫なことで有名な、兄弟のフレイ神とも交接に耽り、その近親相姦の現場を神々に見つかって、赤恥をかいたことがあるではないかと言って、嘲罵したことになっています（「ロカセンナ」、三〇～三二）。

このように世界の他の神話の多くで、神威が強大な大女神は一般的に、強力であればあるほどそれだけ生殖力が旺盛で、極端に多淫だとされています。その中で天上の王位を占めている最高女神のアマテラスが、純潔の処女だとされているのは、日本神話の著しい特色の一つだと、言ってよいと思われます。

処女で母神でもあるアマテラス

しかも純潔の処女神でありながらアマテラスは、母神でもあります。スサノヲが前に見たように天に昇って来たときに、アマテラスは最初、乱暴な弟神が自分から高天の原の支配権を奪い取ろうとして来たのではないかと、疑いました。そして『古事記』によれば、「何故《なにしか》上《のぼ》り来つる」と言って、厳しく詰問しました。そうするとスサノヲは、「自分は父神を激怒させ、『汝はこの国に在るべからず』と言われて追放されてしまったので、姉のアマテラスにその事情を話して、暇乞いをしたいと思って来たので、悪意は持っていない」と言って釈明しました。そしてその自分の心の潔白を明らかにするためにアマテラスと、たがいの心のあり方が知られる子を誕生させるという、「誓約《うけい》」を交わした上で、それぞれの所有物から子を産み合ってみようと提案しました。それから両神は、天上を流れる天の安の河の両岸に向かい合って、所有物を交換して、子を産み出しました。

まずアマテラスがスサノヲから剣を貰い受けて、三段に折りそれから、三柱の女神たちを誕生させました。そのあとでスサノヲがアマテラスから、頭と左右の角髪《みづら》（耳のあたりで輪を作って束ね垂らした髪）と両腕に巻きつけていた、曲玉を緒に通した飾りを次々に貰い受けて、それらから皇室の祖先のマサカツアカツカチハヤヒアメノオシヒミミをはじめとする、五柱の男神たちを生まれさせました。

それからアマテラスは、「あとから生まれた男の子たちは、私の持ち物から生まれたのだから、とうぜん私の子です。その前に生まれた女の子たちは、あなたの持ち物から生まれたのだから、つまりはあなたの子です」と言って、誕生した子どもたちを、スサノヲとのあいだに分けました。

『古事記』のこの話ではスサノヲは、自身の子として女神たちが生まれたことで、自分が荒々しい男神でありながらこのときには、彼が主張した通りに、アマテラスを慕わしく思う優しい心を持っていたのを、証明したことになっているのだと思われます。他方でアマテラスは、本来は優しい女神なのにこのときは、高天の原を守ろうとして、雄々しい心を持ってスサノヲに立ち向かっていました。それでその心根が反映されて、子として男神たちが生まれたことになっているのだと思われます。

『古事記』によればスサノヲは、「我が心清く明《あか》し、故、我が生める子は手弱女《たわやめ》を得つ。これによりて言《まを》さば、自《おのづか》ら我勝ちぬ」つまり「邪心が無く心が清らかだから、私は優しい女の手弱女たちを子として得たので、この結果によって言えば、アマテラスとの争いは、とうぜん自分の勝ちということになる」と言って、アマテラスに向かって勝ち誇りました。そして勝った勢いで高天の原で、前に見たようなひどい乱暴をしたことになっています。

ともかくこの事件によってアマテラスは、純潔の処女神のままで、五柱の男神たちの母神となったとされているわけです。そしてその中の長子のオシホミミを介して、処女のままで、皇室の祖母神にもなったとされているのです。

この皇祖神のアカツともいうオシホミミを、アマテラスは異常なほど、溺愛して育てたとされています。その様子は『古語拾遺』に、「是を以て、天照大神、吾勝尊《あかつのみこと》を育《ひた》したまひて、特《おぎ》甚《ろ》に愛《いつくしみ》を鍾《あつ》めたまふ。常に腋の下に懐《いだ》きたまふ。称《なづ》けて腋子《わきご》と曰ふ」と、述べられています。つまりアマテラスは、アカツすなわちオシホミミが可愛くてたまらずに、いつも腋の下に抱き締めて、自分の肌から離さずに、ひたすら鍾愛の限りを尽くして育てたとされているわけです。

エディプス・コンプレックス説では説明できぬ日本人の心理

アマテラスがオシホミミとのあいだに持ったとされている、このような異常と思える母子の関係には、日本人が母について共通して持っている、現実には成就されることのありえない、悲願のようなひたぶるな願望が、その通りに具現されていると思われます。

精神分析を創始したフロイトは、男性はみな幼児期に、父を殺し母と相姦したいという、強い願望を持つが、同時にそのことで父が怒って自分を去勢するのではないかという、恐怖心を持つと考えました。この自分を去勢する恐ろしい父の像は、フロイトによれば、成長の過程で(五歳ごろまでに)、彼が「超自我」と呼んだ、罪を犯すことを許さない良心として、無意識の内に取り入れられ、それによって父殺しと母子姦の願望は、意識から抑圧されます。だがその願望は抑圧されても消滅はせずに、フロイトがコンプレックスと呼んだ心理的葛藤となって、無意識の内で根強い働きを続けると彼は考えました。そしてその葛藤を、父を殺し母と結婚したことで有名なギリシア神話の英雄のオイディプスの名に因んで、エディプス・コンプレックスと呼びました。

フロイトはエディプス・コンプレックスは、人類に普遍的なものだと考えました。たしかに世界の多くの神話で、神々の王の最高神たちが、共通して持つとされていることを見てきた、敵を容赦なく亡ぼし罪を徹底的に罰する厳しさには、フロイトのいう超自我のあり方が、如実に反映されていると思われます。だがそれではエディプス・コンプレックスは本当にフロイトが言うように、すべての人間の文化に共通して存在するものでしょうか。エディプス・コンプレックスの説はなかんずく、日本の文化と私たち日本人の心理の理解にも、そのまま当て嵌まるものでしょうか。

欧米のような文化で男性が必ず、フロイトのいうエディプス・コンプレックスを持つようになるということは、あるところまで当然とも思われます。子どもが母親の愛情を独占したいと願うのは自然ですが、欧米では母の愛情の対象として、まず夫つまり子どもの父親があるということは、子どもから隠されません。夫婦の寝所は子どもの寝る場所とは、区別されていますし、父と母は子どもの前でも、憚からずに接吻や抱擁を交わし、言葉でもたがいの愛情を表現しあいます。それで男の子にとって父親は、自分が自然の願望の通りに、母の愛情を独占する邪魔をする存在として、激しい敵意の対象となり、同時にそんな敵意を自分が持つことを許すはずがなく、厳しく罰するに違いない、自分よりずっと強力な存在として、恐怖の対象となっても、不思議ではないと思われるからです。

わが国では家庭生活のあり方が、これとまったく違っています。子どもが小さいあいだは親と子は、いっしょに寝るのが普通ですし、夫婦が子どもの前で、露骨に体に触れ合ったり言葉に出して、たがいの愛情を表現しあうこともありません。子どもは通常には、父と母のあいだに性的交渉があることなど、まったく意識せずに育ちます。このような文化の中で男の子が父親を、自分と母の結びつきを妨害する敵だと感じたり、その父がしているように自分も、母と性的にも結合したいという母子姦の願望を持つようになるとは、考え難いことではないかと思われます。つまりエディプス・コンプレックスをそのまま、日本人の心理に当て嵌めて考えることには、明らかに無理があると思われるのです。

アマテラスと日本人が母に対して持つ願望

精神分析の大家だった小此木啓吾《おこのぎけいご》は、わが国では男性は成長の過程で、エディプス・コンプレックスではなく、それとは別の深刻な葛藤を、深層心理の内に持つことになるのだと考えました。そしてその葛藤を、彼の師だった古沢平作《こざわへいさく》の命名に従って、仏典に出てくる釈迦の時代に実在した有名な王の名に因んで、「阿闍世《あじゃせ》コンプレックス」と呼ぶことを提唱しました。彼によればわが国では、父と母が男女として持っている性的結びつきが、子どもの目にあからさまにされることがないので、子どもは母と自分は一体で、母は何をさしおいてもひたすら自分を思ってくれているという、母に対する無限の信頼と甘えを持って成長します。それで日本人にとっては、成長の過程で不可避的に、父と母が性的に結びついた男と女であるという現実に直面すると、そのことがきわめて深刻な精神的危機の原因になるというのです。

そのときには母が自分にとっての母であるだけでなく、その前に父親にとって、肉欲の対象の女であったことが、許し難い裏切りと感じられ、母への甘えが一転して、深刻な怨みに変わります。それは「母はなぜ自分だけのものでないのか」、「なぜ自分の母である前に、父にとっての女だったのか」、「自分はしょせん、父と母の肉欲の産物でしかない」という怨みで、それが日本人がだれでも深層心理の内に持っている、根源的な葛藤なのだと言うのです(6)。

肯綮にあたると思われるこの見方に従えば、日本人はじつはみな無意識のうちに、母が「男にとっての女」ではなく、自分にとっての「母」であり、自分と不離の関係で密着した、一体の存在であってほしいという、(現実にはその通りに満足されることのけっしてありえない)強烈な願望を持っていることになります。男性との性的関係を持たずに、純潔の処女のままでオシホミミらの母になり、そのオシホミミを溺愛して、いつも腋の下に抱き肌から離さずに育てたという、アマテラス大御神の母神としてのあり方には、まさしくその日本人が無意識のうちの願望であり、母に対する無いものねだりと言うほかない悲願が、実現されています。

日本人は古来、このような現実にはけっしてあるはずのない「理想の母」の像を、無意識のうちに持って生き、文化を営んできました。神話のアマテラス大御神に、具現されている、日本人の理想の母の像は、子どもの罪を許さずに、厳しく罰する恐ろしい父親の像が、無意識に内在化された、フロイトの言う「超自我」とは、水と油のように違っています。「超自我」を無意識のうちに持つ人々のあいだでは、善と悪を判断するための厳格な基準がそれぞれの文化ではっきり確立されて、その規範に合わぬものは、容赦なく悪と見なされて、排除され、果ては抹殺されます。善悪の基準が違う文化同士がぶつかり合えば、たがいに相手を悪と見なし、抹殺しようとして、文化と文化のあいだに、存亡をかけた死闘がくり返されるので、世界に血みどろの争いが絶えぬことになります。

それとははっきり違ってわが国では、たがいに矛盾したり対立するもののあいだでも、一方が他方を排除したり抹殺したりはせず、どちらも究極的には価値を認められ、居場所を与えられて、共存し共生することができる文化が営まれてきました。神話の中では私たちはそのことを、次の章で検討するスサノヲの取り扱われ方に、とりわけはっきりと見ることができます。

スサノヲは、高天の原でアマテラス大御神に対して、さんざんにひどい乱暴を働き、それを嫌悪した太陽の女神のアマテラスが自ら天の岩屋に閉じこもって、世界中にまっ暗闇の「常夜」が続くという、とんでもない大椿事を引き起こしてしまいます。この事態に対して神々は、みんなで懸命に協力して、やっと解決しました。そして天神たちは、スサノヲを稀代の悪神として取り扱って、天から追い払います。

このようにいったんは、極悪の神だとはっきり判定されて、天から追放されてもスサノヲは、そのことで神としての価値を否定されて、世界に自分の居場所を無くしたことにはなっていません。高天の原から放逐されたあとに、スサノヲは出雲へ行き、そこで害をなしていた恐ろしい怪物のヤマタノヲロチを退治するという、輝かしい大手柄をあげています。そしてそのときにこの怪物の八つの尾の一つから、不思議な神剣を発見して、それをアマテラスに献上したことになっているのです。

この剣は言うまでもなく、天孫の降臨にあたってヤタの鏡とヤサカニの曲玉といっしょに、アマテラスから、地上での皇室の始祖になるホノニニギの命に授けられ、この国の支配者のしるしとなる、三種の神器の一つのクサナギの剣になったとされています。つまりホノニニギの子孫の代々の天皇が、この国を統治する秩序ができ上がるためにも、スサノヲは貴重な貢献をしたことになっているわけです。

またスサノヲは、ヤマタノヲロチを退治したあとに結婚してオホクニヌシの祖神になりますが、地上での生活を長くは続けずに、けっきょく地下界の根の堅州国に行って、そこに住むことになったとされています。その根の堅州国ではスサノヲは、オホクニヌシの訪問を受け、この神に試錬となる虐待を加えて、それまで非力だった彼を、国の主になれる強力な神に成長させます。そして彼が地上に帰って、そこに豊かな国土を完成させる、「国作り」の大業を果たすために不可欠だった、後楯の役をしたとされています。つまりこの国土を、私たちが現にその恵みに浴している豊潤な国にするためにも、スサノヲは肝心な働きをしてくれたことになっているのです。

日本の文化の中では、自然に対しても、そのあり方を人間の勝手な都合に合わせて無理に変えようとはせずに、ありのままに認めて敬いながら、人間が自然と共生しようとする対し方がされてきました。日本人は、何が善で何が悪であるかという、自分の恣意的判断を当て嵌めて、悪いと思われるところをどんどん破壊しながら、自然を人間に都合のよいものに変えようとは、けっしてしませんでした。自然の働きのそれぞれを神として崇めて、有難い恩沢に感謝しながら、人間に不可知なその神秘に深い畏敬の念を持つことが、昔から今日まで、自然への日本人の態度であり続けてきたのです。

世界の他の神話に見られぬ特徴を持つ、最高女神のアマテラスを主人公にしている日本の神話には、そのような日本の文化と、日本人の生き方の有り様のはっきりした表現が見られます。

（1）後藤光一郎訳（杉勇・三笠宮崇仁編『古代オリエント集』《筑摩世界文学大系Ⅰ》筑摩書房、一九七八年、一二一〜一二三頁)。
(2)前掲書(注(1))、一二三頁。
(3)同右。
(4)矢島文夫訳(前掲書〈注(1)〉、一五〇頁)。
(5)同書、一五一頁。
(6)小此木啓吾『日本人の阿闍世コンプレックス』、中公文庫、一九八二年、一一〜七八頁。

太母への愛に駆られ続けたスサノヲ

スサノヲの乱暴と天の岩屋戸の前でされた祭り

日本神話に語られている大事件の一つに、スサノヲが天に昇って行って、高天の原を支配している姉のアマテラスに対して、ひどい乱暴を働いたという出来事があります。

前章でも見たように『古事記』によれば、スサノヲはまず、アマテラスが天上に作らせていた田を、畔を壊したり溝を埋めて荒らした上に、その田で取れる新穀をアマテラスが召し上がる、神聖な祭りのために準備されていた御殿で、大便をした上にそれをまき散らして、その祭場を汚しました。こんなひどいことをされてもアマテラスは、「大便のように見えるのは、スサノヲが酒に酔って、悪意ではなく粗相をして嘔吐したもので、田の畔を壊したり溝を埋めたのは、畔や溝になっている土地がもったいないと思い、田を広げようとして善意でしたことなのだろう」と、無理に言い繕って、スサノヲを咎めもせずに庇ってやりました。

そうするとスサノヲは、姉神から悪事を大目に見てもらったことでつけ上がり、その後もしたいほうだいの乱暴を続けました。そしてそのあげくに、アマテラスが神の衣を織らせていた清浄な建物の屋根の天辺に穴を開けて、そこから生きたまま皮を剝ぎ取った馬を投げこみました。そのためそこで作業をしていた女神の服織女《はたおりめ》が、驚いた拍子に手に持っていた機織りの道具の梭《ひ》を、自分の女性器に突き刺して死んでしまいました。

そうするとそれを見たアマテラスは、これにはついに怖気を振るって、天の岩屋に入り内側から戸を閉めて、とじ籠ってしまいました。こうして太陽の女神が岩屋に隠れてしまったために、世界中はまっ暗闇になり、暗黒の夜が果てしなく続くことになったとされています。

それで八百万の天神たちは、天を流れている天の安の河の河原に集まって、どうすればよいか相談をしました。そしてタカミムスヒという偉い神の子のオモヒカネという知恵の神が考えた計画に従って、岩屋の戸の前で賑やかな祭りをして、アマテラスをなんとかして岩屋から招き出そうということになりました。

天神たちはまず、長い鳴き声で太陽を空に呼び出して夜を終わらせる、雄鶏を集めてきて、鳴き声をあげさせました。そしてそのあいだに、アマツマラという鍛冶の神が鍛えた金属で、イシコリドメという女神に鏡を作らせ、またタマノオヤという神に、曲玉を緒に通した飾りを作らせました。それからアメノコヤネとフトダマという神たちに、雄鹿の肩の骨を桜の木の皮を燃やした火で焼く占いをさせた上で、天上の山の天の香山から茂った榊を根こそぎに掘り取ってきました。そしてその木の上の方の枝に玉の飾りをかけ、中の枝に鏡をかけ、下の枝に楮《こうぞ》と麻で作った、白と青の幣帛《へいはく》を下げました。

そしてフトダマがその榊を捧げ持った横で、アメノコヤネが祝詞を唱え、アメノタヂカラヲという力持ちの神が、閉じている岩屋の戸の脇に隠れて立ちました。そしてアメノウズメという女神が、天の岩屋の戸の前に伏せた桶を踏み鳴らしてその上で踊りながら、夢中になって乳房を露出させ、衣の紐を押し下げて、女陰を剝き出しました。それで天神たちは、高天の原が鳴り響くほど、どっと大笑いをしました。

岩屋の中で、この物音を聞いたアマテラスは、不思議に思って岩屋の戸を細めに開けて、アメノウズメに「私が籠っているために、天も地もまっ暗闇であるはずなのに、どうしてアメノウズメはそのように踊り、八百万の天神たちはみな笑っているのか」と、尋ねました。

アメノウズメは、「あなた様よりもっと尊い神様がここにいらっしゃるので、そのことを喜んで、笑ったり踊ったりしているのです」と答え、そのあいだにアメノコヤネとフトダマが、榊にかかっている鏡を差し出して、アマテラスに見せました。

するとアマテラスはその鏡に映っている自分の姿を見て、ますます不思議に思い、岩屋の戸から外へ出て来かかったので、その御手をすかさず戸の脇にいたアメノタヂカラヲが取って、女神を岩屋の外へ引き出し、その後にフトダマが注連縄《しめ》を張って、「この内にお戻りになることは、おできになりません」と申し上げました。

こうしてアマテラス大御神が、ついに天の岩屋からお出ましになられたおかげで、天も地もまた日光で明るく照らされることになったのだと物語られています。

このようにしてやっと天の岩屋の事件を解決したあとで天神たちは、この大椿事を引き起こしたスサノヲから、多くの賠償を取り立てた上に、鬚を切り手足の爪を抜き取って、高天の原から追い払いました。そのことは『古事記』には、「ここに八百万の神共に議りて、速須佐之男命に千座《ちくら》の置戸《おきと》を負はせ、また鬚を切り、手足の爪を抜かしめて、神逐《かむや》らひ逐《や》らひき」と、述べられています。

『日本書紀』の記事の一つによれば、天神たちはこのとき、「悪行を働いたお前のような神は、天にも地上にも留まっていてはならぬので、すぐに地底の根の国に行ってしまえ」と言い、スサノヲを天から放逐しました。そのときは風と雨が激しく吹き荒れ続けていましたが、スサノヲは風雨をさけようとしても、悪行を難詰されてどの神の家にも入れてもらえず、笠と蓑をまとって荒天の中を、辛苦して下界まで降って行かねばならなかったとされ、そのことはこう物語られています。

既にして諸の神、素戔鳴尊を嘖《せ》めて曰はく、「汝が所行《わざ》甚だ無頼《たのもしげな》し。故《かれ》、天上に住むべからず。亦葦原中国にも居るべからず。急《すみやか》に底根《そこつね》の国に適《い》ね」といひて、乃ち共に逐降《やら》ひ去《や》りき。時に霖《はがめ》ふる。素戔鳴尊、青草を結束《ゆ》ひて、笠蓑として、宿を衆神《もろかみたち》に乞ふ。衆神の曰はく、「汝は是躬《み》の行濁悪《しわざけがらは》しくして、逐《やら》ひ謫《せ》めらるる者なり。如何《いかに》ぞ宿《やど》を我に乞ふ」といひて、遂に同《とも》に距《ふせ》く。是を以て、風雨甚だふきふると雖も、留り休むこと得ずして、辛苦《たしな》みつつ降りき。

アマテラスに悪意を持っていなかったことの証明

アマテラスに対してした乱暴の所為で、スサノヲはこのように、天神たちから目の敵にされました。そして稀代の悪神のように取り扱われて、だれからも相手にされずに、天から追放されたことになっています。

たしかにとんでもない悪事だったと言うほかないこれらの所業を、じつは、スサノヲはアマテラスに対して悪意を持ってしたのではなかったのだと思われます。なぜならそのことは、これらの事件のすぐ前にあったと物語られている出来事によって、はっきりと証明がされていると思えるからです。

スサノヲが天に昇って行ったときのことを、『古事記』には、「すなはち天に参上る時、山川悉《ことごと》に動《とよ》み、国土《くにつち》皆震《ゆ》りき」と書かれ、『日本書紀』の本文には、「始めに素戔鳴尊、天に昇ります時に、溟渤《おほきうみも》以て鼓《とどろ》き盪《ただよ》ひ、山岳《やまをか》為に鳴《な》り响《ほ》えき。此則ち、神性《かむさが》雄健《たけ》きが然らしむるなり」と物語られています。このように大地も川も海も激しく揺れて鳴動する、凄じい音を聞いて驚いたアマテラスは、てっきり乱暴な弟神が、自分が支配している高天の原を、奪い取ろうとして来るのだと思いこみました。そして厳重に武装してスサノヲを出迎えて、『古事記』によれば、「何故上り来つる」と言って詰問しました。

するとスサノヲは、『古事記』によれば、自分は父神のイザナキを激怒させ、「汝はこの国に在るべからず」と言われて追放されてしまったので、その事情をアマテラスに説明して、暇乞いをしたいと思って来たので、邪心は何も持っていないと釈明しました。アマテラスが、ではどうすれば彼の心に悪意が無く、潔白だということが分かるのかと尋ねると、スサノヲは「各《おのおの》誓《うけ》ひて子生まむ」と言いました。

つまりたがいの心のあり方が分かる子を産むという、「誓約（うけひ）」を交わした上で、アマテラスとスサノヲが、それぞれの子を誕生させようと提案したわけです。それで両神は天の安の河の両岸に向かい合って立ち、たがいの所有物を交換し、それから子を生まれさせました。まずアマテラスがスサノヲから、剣を貰い受け三段に折って、それから三柱の女神たちを出生させました。そのあとでスサノヲがアマテラスから、頭と左右の角髪《みづら》（耳のわきで束ね輪を作って垂らした髪）と両腕に巻きつけていた、曲玉を緒に通した玉飾りを次々に貰い受けて、それらから五柱の男神たちを生まれさせました。それからアマテラスは、あとから生まれた男の子たちは、彼女の所有物から生まれたのだから、当然アマテラスの子で、その前に生まれた女の子たちは、スサノヲの所有物から生まれたのだから、彼の子だと言って、誕生した子どもたちを、スサノヲとのあいだに分けました。

するとスサノヲは、「我が心清く明《あか》し。故《かれ》、我が生める子は手弱女《たわやめ》を得つ。これによりて言《まを》さば、自ら我勝ちぬ」と言って勝ち誇りました。そしてその勢いにまかせ、アマテラスに対して、数々の乱暴を働いたのだと物語られています。

『古事記』のこの記述によれば、スサノヲは荒々しい男の神ですが、このときには彼が主張していた通りに、姉神をひたすら慕わしく思う優しい心を持っていました。それで猛々しいスサノヲの武器である剣から生まれたのに、彼の子は「手弱女」つまり優しい女神たちでした。他方アマテラスは、本来は徹底して優しい女神であるのに、このときは高天の原を、乱暴な弟神と戦ってでも守ろうとして、雄々しい心を持ってスサノヲに立ち向かっていました。それでこのときには雄々しかったその心のあり様が反映して、女神が身を飾る装身具の玉飾りから生まれたのに、彼女の子は男神たちだったことになっているのだと思われます。

男神を産んで善意を明かしたという説明の無理

『日本書紀』にはよく知られているように、スサノヲは、自分の子として女神を出生させたことによってではなく、男神を生まれさせて、自分にアマテラスに対する邪心が無いことを、証明したと物語られています。つまり「誓約」による子産みによって誕生した五柱の男神たちは、アマテラスではなくスサノヲの子だったことになっているわけですが、この『日本書紀』の所伝では明らかに、『古事記』に伝えられている神話の本来の形に、無理と思える重大な変更がされています。日本神話の肝心要な眼目は言うまでもなく、天孫として降臨し、地上で皇室の始祖になったホノニニギが、アマテラス大御神の嫡孫で、従ってアマテラスこそが、皇室の祖先の神であると闡明することにあります。

ホノニニギの父神のオシホミミは、「誓約」による子産みから誕生した男神たちの中の長子です。それ故もしこのオシホミミを含むこのときに生まれた男神らの親が、スサノヲだったことになれば、アマテラスではなくスサノヲが、皇室の祖先神であることになってしまうからです。

『日本書紀』にはたしかに、もとはスサノヲの子として誕生したというこれらの男神たちが、アマテラスによって自分の子として養育されることになった経緯の説明が試みられています。この箇所の本文では、「若し然らば、将に何を以てか爾《いまし》が赤き心を明《あか》さむ」というアマテラスの問いかけに、スサノヲはこう答えたとされています。

請《こ》ふ、姉《あねのみこと》と共に誓《うけ》はむ。夫《そ》れ誓約《うけひ》の中《みなか》に、必ず当に子《みこ》を生むべし。如《も》し吾が所生《う》めらむ、是女ならば、濁《きたな》き心有りと以為《おもほ》せ。若し是男ならば、清き心有りと以為《おもほ》せ。

そしてそのあとでまずアマテラスがスサノヲの剣から、次にスサノヲがアマテラスが着けていた曲玉の飾りからそれぞれ、三柱の女神たちと、五柱の男神たちを誕生させました。そうするとアマテラスは、男神たちは自分の所有物から生まれたのだから、自分の子だと言って引き取って育て、女神たちはスサノヲの剣から生まれたのだから、スサノヲの子だと言って、彼に授けたと物語られています。そのことは、こう記されています。

是の時に、天照大神、勅《みことのり》して曰はく、「其の物根《ものざね》を原《たづ》ぬれば、八坂瓊《やさかに》の五百箇《いはつ》の御統《みすまる》は、是吾が物なり。故《かれ》、彼《そ》の五《いつはしら》の男神《ひこがみ》は、悉《ふつく》に是吾が児なり」とのたまひて、乃ち取りて子《ひ》養《た》したまふ。又勅して曰はく、「其の十《と》握剣《つかのつるぎ》は、是素戔嗚尊の物なり。故《かれ》、此の三《みはしら》の女神《ひめかみ》は、悉《ふつく》に是爾《いまし》が児なり」とのたまひて、便ち素戔嗚尊に授けたまふ。

この記述に素直に従えば、『古事記』に言われているまさにその通りに、このときアマテラスがスサノヲの剣から誕生させた女神たちは、本来的にスサノヲの子で、スサノヲがアマテラスの曲玉の飾りから生まれさせた男神たちは、もともとアマテラスの子だったことになります。つまりスサノヲは、「吾が所生めらむ、是女ならば、濁き心有りと以為せ。若し是男ならば、清き心有りと以為せ」と宣言した上で、男ではなく女を自分の子として誕生させたので、自分がアマテラスに「清き心」を持っていることの証明に、失敗したことになってしまうと思われます。つまりこの箇所の本文でされている、スサノヲが男神を産んで自分に邪心が無いことを証明したという説明には、明らかに撞着があり、話が破綻していると言わざるをえないと思われるのです。

この段の他の記事ではこのことについて、また別様の説明がされています。記事の一つによれば、子産みに当たってアマテラスはスサノヲに、あらかじめこう申し渡しました。

汝若し奸賊《あたな》ふ心有らざるものならば、汝が生めらむ子、必ず男ならむ。如し男を生まば、予《われ》以て子として、天原《あまのはら》を治《しら》しめむ。

それから自分が身に帯びていた、十握の剣と九握の剣と八握の剣とから次々に、三柱の女神を出生させました。そのあとでスサノヲは、彼自身が左右のもとどりと首に巻きつけていた曲玉の飾りと、それに両腕と両足とから、オシホミミら六柱の男神たちを生まれさせました。

それでアマテラスは、スサノヲの心がもともと潔白だったことを知って、前もって宣言していた通りに、弟神が誕生させた男神たちを自分の子にして、高天原を統治させることにしたのだとされ、そのことは、「故、日神、方に素戔嗚尊の、元《はじめ》より赤き心《きよ》有ることを知《しろ》しめして、便ち其の六の男《むはしらひこがみ》を取りて、日神の子《みこ》として、天原《あまのはら》を治《しら》しむ」と、言われています。

本文の説明とは違ってここでは、スサノヲが男神たちを自分の子として誕生させて、アマテラスに対して邪心の無いことを証明したという次第は、はっきりと述べられています。だがこの一書でされている説明には、その後に語られている神話の内容とは、明瞭に背馳した話が語られています。このときに生まれたオシホミミらの男神たちが、アマテラスに子として育てられたあとに、ここで「天原を治しむ」と言われているように、高天の原の支配者の役をしたということは、神話のどこにも物語られていないからです。

スサノヲがアマテラスとした「誓約」による子産みのことを物語っている、『日本書紀』の記述には、このように、それぞれの所伝に明瞭に、説明の撞着や、後の神話の周知の内容との矛盾が見られます。そのことからもこの神話のもとの形ではやはりスサノヲは、『古事記』に物語られているように、このときに自身の子として、男神ではなく手弱女の女神たちを誕生させ、彼にアマテラスに対する害意がなく、ひたすら姉神を慕う優しい思いを持っていることを、明らかにしたとされていたのだと思われます。

それはともかくとして、女神ではなく男神を生まれさせたことで、彼が心の潔白を証明したことになっている、『日本書紀』の所伝でも、スサノヲはやはり、天に昇って来たときにまず、アマテラスとの「誓約」による子産みによって、姉神に対する悪意の無いことを、はっきりと証明したことになっています。つまりこの子産みの直後に、彼がアマテラスに対してしたと物語られている振舞いは、どの所伝でも理不尽ではあってもけっして、姉神への悪意からされたものではなかったことになっているわけです。

イザナミへの猛烈な思慕

それではスサノヲはいったいなぜ、アマテラスをただひたすら慕わしく思う心を持って天に昇って来たのに、その高天の原で姉神に対して、ひどい乱暴を働いたことになっているのでしょうか。『古事記』と『日本書紀』の記事の一つによれば、天に昇って来たときまでにスサノヲが、猛烈な慕情を燃やしたのは、ただアマテラスに対してだけではありませんでした。

『古事記』と『日本書紀』のこの記事によれば、イザナキは死んだ妻のイザナミを黄泉の国まで迎えに行ったのに、生き返らせることに失敗して、一人で地上に帰って来たところで、黄泉の国で身に付いた汚れを洗い清めようとして、筑紫《つくし》の日向《ひむか》の橘《たちばな》の小戸《をど》の阿波岐原《あはきはら》(『日本書紀』では檍原《あはきはら》)というところに行って、河に入って禊をしました。そのときに最後に、左右の目と鼻を洗うと、アマテラスと月神のツクヨミとスサノヲとが次々に誕生しました。

イザナキはそれで『古事記』によれば、自分がこれまで多くの子を儲けてきて、最後にこれらの三柱の尊い子ができたことを、「吾は子を生み生みて、生みの終に三はしらの貴き子を得つ」と言って大喜びしました。そしてまずアマテラスに、自分の首に掛けていた玉の飾りを、厳かに音を響かせてゆらしながら授けて、「汝命は高天の原を知らせ」と言って、高天の原の支配者になるように命令しました。それからツクヨミには、「汝命は夜の食国《をすくに》を知らせ」と、スサノヲには、「汝命は、海原を知らせ」と言って、両神にそれぞれ、夜の世界と海とを支配するように命令しました。

するとアマテラスとツクヨミが、「各《おのおの》依《よ》さしたまひし命《みこと》の随《まにま》に、知らしめす」と言われているように、すぐに命令された通りに、天と夜の支配者の務めを果たしはじめたのに、スサノヲは父神の命令に従わずに、大人になって長い鬚が胸の前まで伸びるまで、激しく泣きわめき続けました。その猛烈な泣き声によって、青々と草木の茂っていた山はすべて枯れ山になり、河と海の水まですっかり乾上ってしまいました。イザナキが、どうして統治を命じられた国を支配せずに、泣きわめいているのかと尋ねると、「僕は妣《はは》の国根《ね》の堅州国《かたすくに》に罷《まか》らむと欲《おも》ふ。故《かれ》、哭《な》くなり」と答えました。つまり「自分は死んだ母（妣は死んだ母を意味する漢字です）のいる地下の世界の根の堅州国に行ってしまいたくて泣いている」と言ったというのです。それで激怒したイザナキは、「然らば汝はこの国に住むべからず」と言って、スサノヲを放逐したのだと物語られています。

『日本書紀』の問題の記事によれば、三神を誕生させたところでイザナキは、「天照大神は、以て高天原を治すべし。月読尊は、以て滄海原《あをうなはら》の潮の八百重《やほへ》を治すべし。素戔嗚尊は、以て天《あめの》下《した》を治すべし」と言って、アマテラスとツクヨミとスサノヲとにそれぞれ、高天の原と海と天下を支配するように命令しました。が、スサノヲだけがこの命令に従わずに、大人になって鬚が長く伸びても、天下を治めずに泣き続けて、イザナキを激怒させて追放されたので、そのことはこう物語られています。

是の時に、素戔嗚尊、年《とし》已《すで》に長《お》いたり。復《また》八握《やつか》鬚髯《ひげ》生《お》ひたり。然れども天下《あめのした》を治さずして、常に啼《な》き泣《いさ》ち恚恨《ふつく》む。故《かれ》、伊奘諾尊問ひて曰《のたま》はく、「汝は何の故にか恒《つね》に如此《かく》啼《な》く」とのたまふ。対《こた》へて曰《まう》したまはく、「吾《やつかれ》は母《いろはのみこと》に根国に従はむと欲《おも》ひて、只に泣かくのみ」とまうしたまふ。伊奘諾尊悪《にく》みて曰《のたま》はく、「情《こころ》の任《まにま》に行《い》ね」とのたまひて、乃ち逐《やらひや》りき。

アマテラスに会いに天に昇って来たときまでスサノヲは、イザナキから海または天下を統治せよという重大な任務を命じられたのに、ただ激しく泣きわめいてばかりいて、その仕事を果たしませんでした。そして業を煮やした父神に、任務につかずに泣いてばかりいるわけを尋ねられると、「妣《はは》」つまり死んだ母のいる地底の世界の根の堅州国（または根の国）に行ってしまいたいからだ」と答えたので、激怒したイザナキに（『日本書紀』によれば「それならば行きいたいところ、つまり根の国に行ってしまえ」と言われて）、地上から放逐されてしまったというのです。

このように出生したときからこのときまでスサノヲは、死んだ母神のもとに行きたいという猛烈な願望に取り憑かれて、世界の秩序を目茶苦茶にしてしまうほどの勢いで、ただひたすら泣きわめき続けるほかに、何もできなかったとされているわけです。ところがここで彼が「妣」あるいは「母（いろはのみこと）」と呼んで、これほどまでに愛慕して止まなかったとされているイザナミは、『古事記』と『日本書紀』のこの箇所の記述に従えば、しばしば指摘されてきているように、じつはスサノヲの母ではありません。なぜならこの所伝では彼は、イザナミの胎からではなく、イザナキがイザナミと黄泉の国で夫婦の縁を絶ち切ったあとで、父神の鼻から出生したことになっているからです。

自立を妨げる「太母元型」の猛威

生まれてすぐに生母と死に別れるか、または何かの理由で生き別れてしまって、自身と母との個人的な触れ合いを体験できなかった場合でも、人間の心の根底には、自身の現実の母を越えた、「普遍的な母なるもの」の像が存在し、強烈な働きをしています。スイスの深層心理学者のユングが、「太母」の「元型」と呼んだ、その「母なるもの」の心像の働きは、人間の成育のために不可欠ですが、その反面でまた、子どもが自立して大人になるのを、凄まじい力で阻むこともします。スサノヲは明らかに、子どもが自分から分離するのを許さずに、呑みこんでしまおうとする、その太母元型の猛威に、完全に魅入られた状態にありました。それで彼は、生まれるとすぐに父に命じられたとおりに、それぞれが重要な神の役割を演じたというアマテラスとツクヨミとは違って、父神が委託しようとした、一人前の神としての仕事を何一つ果たせませんでした。そして姿だけは長い鬚の生えた大人になっても、内面は一向に成長できずに、嬰児のようにただひたすら、激しい泣き声をあげることしかできなかったのだと思われます。

「妣の国根の堅州国に罷らむ」、あるいは「母（いろはのみこと）に根国に従はむ」という念願に駆りたてられて、泣きわめいていたあいだスサノヲは、その「太母」への思いを、彼にとってもっとも母に近い存在だった、死んで黄泉つ大神となって地底にいる、イザナミに投影していました。だがその黄泉つ大神のイザナミは、彼女を生き返らせて地上に連れ帰り夫婦生活を続けたいという思いに駆られて、黄泉の国まではるばる迎えに行ったイザナキでさえ、正体を一目見てたちまち怖気に取り憑かれて、まっしぐらに逃げ出さずにいられなかったほど、凄惨きわまりない姿の死の女神で、スサノヲがいくらそうしたいと念願しても、自分との一体化を遂げられる存在ではありません。事実これから見るように『古事記』には、けっきょく根の堅州国に住むことになったスサノヲのそこでの暮らしが物語られていますが、スサノヲがそこでイザナミと、何かの触れ合いを持ちえていたということは、まったく語られていません。

高天の原に昇って行ったとき、スサノヲは、イザナミによっては満たされるはずがなかった、「太母」への渇仰を、今度は姉神アマテラスに投影していたのだと思われます。このとき彼が願っていたのは、アマテラスを自分の母の代わりとして、イザナミとのあいだではどんなに渇望しても持つことのできなかった、慈母との触れ合いを、この姉神とのあいだで味わい、その甘美さに酔い痴れることだったと思われるわけです。

だからこそ彼は天にやって来てまずアマテラスに、それぞれの所有物からおたがいの子を産んでみることを提案したのだと思われます。なぜならこの「誓約」による子産みによって彼は、自分がアマテラスに対して悪意をもっていないことを証明する一方で、アマテラスを処女神のままで、皇祖神のオシホミミを含む男神たちの母神にしました。アマテラスは、本性である処女の純潔を十全に保持したままで、それまで処女神の彼女に欠けていた、母の性質を持つことになったからです。

しかもそのアマテラスが持つことになった母性は、スサノヲが願望していたと思われるまさにその通りに、溢れる慈愛に満ち満ちたものでした。このときに彼女の長子として生まれたとされている、アカツとも呼ばれるオシホミミを、アマテラスが異常なほど溺愛して育てたとされ、その有様が『古語拾遺』に、「是を以て、天照大神、吾勝尊《あかつのみこと》を育《ひた》したまひて、特甚《おぎろ》に愛《いつくしみ》を

「常に腋の下に懐《いだ》きたまふ。称《なず》けて腋子《わきご》と曰ふ」と記されているのは、すでに前章で見た通りです。アマテラスはオシホミミが可愛くてたまらずに、いつも腋の下に抱いて自分の肌から離さずに、鍾愛の限りを尽くして育てたとされているわけです。

男にとって肉欲の対象の女であることなしに母となり、子とのあいだに不離の結び付きを持ったという、このアマテラスの母神としてのあり方に、日本人が深層心理の内に共通して持っている、現実にはけっしてありえない理想の母の像が実現していることは、前章で詳しく見た通りです。

アマテラスが持つことになった母性への甘え

天に昇って来たときにスサノヲはこのようにまず、アマテラスと「誓約」による子産みをして、慕わしくてならなかった姉神を、日本人のだれしもが心の内に潜在的に持っている、理想の母の像とぴったり合致した母神にしました。それでそのあとに彼が願ったのは当然、そのような母神になったアマテラスの慈愛にひたぶるに浴し、姉神とのあいだに、母とその愛に甘える子の関係を持つことだったわけです。

彼がアマテラスに対してした乱暴は、明らかにこのような思いに駆られてされたことでした。母の愛に甘えようとする子は、母の注意のすべてが、ただひたすら自分だけに向けられることを願って止みません。母が自分とは他の事柄に目を向けて、関心をそれに集中しているのを見ると、甘えっ児は駄々っ児になって、母の邪魔をする悪戯をして、母の関心を自分に取り戻そうとします。

高天の原でアマテラスは言うまでもなく、いくら母の慈愛を溢れるほど持っても、ただスサノヲにだけかまけていることはできませんでした。高天の原で田を営むこと、その田で収穫される新穀を、自身が召し上がる祭り（大嘗祭）を執行するために、祭場のご殿を準備すること、その祭りに必要な神の衣を織らせること、これらは高天の原の支配者のアマテラスに、何よりも肝要な務めで、その執行のためにアマテラスはとうぜん、満腔の配慮を注いで、精励せねばなりませんでした。

スサノヲにとってそれらのことは、姉神の関心を自分から奪うので、ただひたすらアマテラスの慈しみに浸りたいという彼の切願の成就を妨げる、何より重大な障害と感じられました。それでそれらの障害を何としても除去し、アマテラスの心を自分だけに向けさせようとして、スサノヲはまず、アマテラスが営んでいた田を荒らし、「その大嘗を聞しめす殿」を、大便で汚したのだと思われます。

これらの悪戯をアマテラスが無理に言い繕って、咎めもせずに許してくれたことでスサノヲは、姉神とのあいだに、ひどい悪戯をして母を困らせる駄々っ児と、その悪戯でどんな迷惑を受けても、叱らずに大目に見てやろうとする慈母との関係を結ぶことに成功しました。そのことで彼は本当に、有頂天になったのだと思われます。ただひどい悪戯をして母に許されても、駄々っ児はけっして、それで悪事を止めることはしません。前よりもいっそう困らせることをして、それも許してもらうことで、母の慈愛がどこまで大きいかを確かめようとします。

アマテラスに甘やかされたことでスサノヲも、悪戯を止めずにかえってますます高じさせて、しまいに彼の暴挙によって、服織女が梭を自分の女性器に突き刺して惨死するという、アマテラスの逆鱗に触れる事件を起こしてしまいました。アマテラスはびっくりするほど情け深い女神で、自分に対してひどいことをされても、罰することも叱ることもせずに、許してやろうとします。ただ前章でも見たようにその憐れみの深さの所為で、殺害を我慢することだけはできず、そのことが起これば極端なやり方で、激しい嫌悪を表明せずにいられないからです。

スサノヲが究極とも言える乱暴によって服織女を横死させると、アマテラスは無限とも思われた、弟神に対するそれまでの寛仁さを一変させました。たちまちこの殺害に対し嫌悪を剝き出しにして、天の岩屋に閉じこもり、世界中をまっ暗闇に陥れてしまったのです。

スサノヲはこうして、姉神とのあいだに成立しかけていた、慈母とその慈愛に甘える駄々っ児の関係を、自身の度外れな暴行によって、ついに打ち毀してしまいました。そして天の岩屋の事件が解決すると、そのために懸命に尽力した天神たちから、世界をこの災禍に陥れた張本の極悪の神として厳しく糾弾されて、高天の原から放逐されることになったわけです。だがこの追放によってアマテラスとの触れ合いを断たれたあともスサノヲは、後に起こる出来事から明らかになるように、姉神への思慕を止めはしなかったのです。

オホゲツヒメの殺害に見られるスサノヲの変化

スサノヲは、天神たちからいったんは極悪の神だという烙印を押されて、天から放逐されたわけですが、前章の終わりでも触れたように、そのことで偉大な神としての価値を喪失したことにはなっていません。反対に天から追放された後にはじめて、彼の真価を発揮する活躍をしたことになっています。

彼はまず、誕生したあとただひたすら激しく泣きわめき続けて、青山を枯山にし、河と海の水を乾上がらせました。これによって下界に起こった混乱のことは、『古事記』に、「ここをもちて悪しき神の声は、さ蝿如す皆満ち、万の物の妖《わざわひ》悉に発《おこ》りき」と言われています。そのあと怒ったイザナキに地上から追放されると、スサノヲは、天に昇って行ってひどい乱暴を働き、その結果姉神のアマテラスが天の岩屋に閉じこもって、世界中に日光の射さぬまっ暗闇が、果てしなく続く事態を引き起こしました。それによって世界が陥った無秩序のこともやはり『古事記』に、「ここに万の神の声は、さ蝿なす満ち、万の妖悉に起こりき」と、前にスサノヲの

「泣きいさち」によって下界に生じたとされている混乱の有様と、ほとんど同じような言い方で形容されています。

スサノヲはただ泣き声をあげるだけで、山々の草木をすべて枯らし、河と海の水をすっかり乾上がらせてしまうほど、物凄い力を持って生まれてきたのに、その力をこのときまでは地上でも天上でも、ただもっぱら破壊的な暴力として発揮して害を働いては、『古事記』に書かれたように、ひどい混乱状態を現出させてきました。ところが天からの追放の後、彼は一転して、その力を害のためではなく、裨益のために振るうことになります。地上に降りて彼がした最初の仕業として、『古事記』に語られている話には、その時点でそのようなスサノヲの変化が、すでに緒についていることがはっきりと窺えると思われます。

スサノヲはオホゲツヒメという女神に、食べものを求めました。「オホゲツヒメ」という名は、偉い「食べもの（ケ）」の女神という意味で、前章で見た『日本書紀』の記事に出て来る、保食神（ウケモチノカミ）と、異名同義つまり名前は違っても本体は同じ、食物の主の女神です。それでウケモチが体内に無尽蔵に持っている食物を、口から吐き出し御馳走を準備して、ツクヨミに食べさせようとしたように、オホゲツヒメはスサノヲの求めに応じて、鼻と口と尻からさまざまな美味しいものを取り出して、いろいろに料理して盛りつけたものを、スサノヲに奉って供応しようとしました。そうするとオホゲツヒメのしていることを覗き見していたスサノヲは、汚ないものを自分に食べさせようとしていると思い、怒ってオホゲツヒメを殺してしまったというのです。

この話でスサノヲは、頼みに応じてこころよく美味しい御馳走を食べさせてくれようとした女神に、やり方が気に入らぬと言って腹を立てて、有無を言わせずに殺してしまったとされているので、一見すると、天上でアマテラスに乱暴を働いたときの粗暴さと、ほとんど変化が見られない行状にも思えます。

だが「母なるもの」に対する態度という点では、このスサノヲの振舞いには明らかに、それまでの彼の対処の仕方とは、根本的と言っても過言ではないほど、大きな違いが認められます。

女神が鼻と口と尻から出したものはたしかに、体から排出された汚物だとも考えられます。だが人間はだれでも赤児のあいだは、母が体からふんだんに分泌して出してくれる乳を喜んで飲んで、それを汚物だとはけっして考えません。また食物を自分で生産することをしない生きとし生ける物はすべて、大地から生じてくるものを食物にすることで、母である大地が体から惜しみなく出してくれるものを食べて、生きているのだと考えられます。

鼻と口と尻からふんだんに出したものを食べさせようとすることで、オホゲツヒメはスサノヲに対して、赤児を乳で養っている母親のようにも、また体から食物を出して万物を生かしている、母である大地のようにも、振舞おうとしたのだと思われます。だがそのオホゲツヒメのやり方に、スサノヲは激怒して女神を殺しました。つまり彼はそのことで、自分がもはや母の体から出るものを、喜んで摂取する嬰児ではないので、体から出したもので養ってくれる母は、自分には必要が無いのだということを、この上ないほどきっぱりと表明したのだと思われるわけです。

これまでスサノヲは、「太母」をまずイザナミに、次にアマテラスに投影しては、その「太母」の投影された女神との関係に激しく拘泥して、一人前の神への成長のために不可欠だった、心理的な「母離れ」を遂げることができずにいました。彼に対して嬰児に対する母のように振舞おうとしたオホゲツヒメを、激怒して殺したことでスサノヲは、そのような母からは自分がすでに、「母離れ」をしていることを明らかにしたと思われるわけです。

オホゲツヒメの殺害は、たしかに乱暴な行為であっても、スサノヲの「母なるもの」からの自立を表わす事件だったという点で、それまで彼がまず地上で、次に天上でしてきた乱行が、「太母」への執着からされてきたのとは、はっきりと違っていたわけです。

オホゲツヒメの殺害には別の点でも、スサノヲが地上と天上でくり返してきた暴逆とは、決定的と言ってよいと思われる違いがあります。スサノヲのそれまでの振舞いは、世界にただ災いだけを引き起こしてきました。それと違いオホゲツヒメの殺害は、女神の命を奪うという破壊だけでは終わらずに、世界のために肝心なものが創出される結果をもたらしたとされています。なぜならスサノヲに殺された、オホゲツヒメの死体のいろいろな部分から、五穀とカイコが発生し、高天の原にいるカムムスヒという偉い神が、それらのものを取ってこさせて種にしたとされているからです。そのことは『古事記』に、こう物語られています。

故《かれ》、殺さえし神の身に生《な》れる物は、頭《かしら》に蚕《かひこ》生り、二つの目に稲種《いなだね》生り、二つの耳に粟生り、鼻に小豆生り、陰《ほと》に麦生り、尻に大豆生りき。故《かれ》ここに神産巣日の御祖《みおや》命、これを取らしめて、種と成しき。

つまりオホゲツヒメを殺すことでスサノヲは、農業と養蚕が創始されるきっかけを作り、そのことで世界と人間の生活のために、重要な寄与を果たしたことになっているわけです。この事件を転期にして、それまで、ただ、災害だけを発生させてきたスサノヲは、世界に甚大な裨益をする、偉大な神としての働きを始めることになります。

ヤマタノヲロチ退治に見る大人の神への成長

オホゲツヒメの殺害の後にスサノヲは、出雲の肥の河（現在の斐伊川）の河上の鳥髪《とりかみ》という土地に赴きますが、そこでスサノヲが遂げつつあったこの変化は、さらにはっきりしたものになります。オホゲツヒメの殺害は、女神の死体から五穀とカイコを発生させて、カムムスヒによって農業と養蚕が創始されることを可能にしました。だがスサノヲはけっして、そうなることを予測してこの女神を殺したわけではありません。結果を予め見通し計画に基づいてではなく、そのときの衝動のおもむくままになされた、無思慮な仕業だったという点では、スサノヲのこの行為は、彼がそれまで地上と天上でくり返してきた理不尽な暴行と、軌を一にするものだったわけです。

鳥髪ではスサノヲは一転して、冷静に思慮を働かせることを始めます。そして周到な計画を立てそれを着実に実行することで、それまでは何の思慮にも基づかぬ暴力としてだけ発揮されてきた彼の力を、ここではじめて計慮に従って目的を遂げる武力として振るって、偉大な武勲を果たしたとされています。

彼はまず河を箸が流れ下ってくるのを見て、河上に人が住んでいる場所があると、判断します。そして流れを遡って行くと案の定、老人と老女が、一人の少女をあいだに置いて、泣いているのに出会います。老人はアシナヅチ、老女はその妻のテナヅチという名の土地の神たちで、彼らにはもとは八人の娘がいたが、毎年ヤマタノヲロチという恐ろしい怪物が、越の国からやって来て、七人の娘たちを一人ずつ食い殺してしまい、その怪物が、最後に残ったそこにいるクシナダヒメという娘を、食い殺しに来る時期になったので、泣いているのだと知らされます。

それからアシナヅチの説明によって彼は、そのヤマタノヲロチが、目はホオズキのようにまっ赤で、八つの頭と八本の尾を持つ蛇で、体にはコケとヒノキと杉が生え、体長は八つの山と八つの谷にまたがるほどで、腹はいつも至るところから血が流れてただれていることを知らされます。

スサノヲはまず、「クシナダヒメを自分にもらい受けたい」と言って、娘との結婚を申しこみます。

アシナヅチが、「私たちは、あなたのお名前を存じ上げません」と、恐る恐る言うと、「自分はアマテラス大御神の弟で、いま天から降りて来たのだ」と告げ、恐縮したアシナヅチとテナヅチが、「然まさば恐《かしこ》し。立奉《たてまつ》らむ」と言って、娘を差し上げると、彼女をただちに櫛に変えて、自分の角髪《みづら》に刺しました。それからアシナヅチとテナヅチに、こう命令したと言われています。

「まず濃い酒を醸しなさい。それから垣を作りめぐらして、その垣に八つの入り口を作り、その入り口ごとに、物を置くために仮りごしらえした棚を設けなさい。そしてその棚ごとにその上に、船の形をした酒の器を置き、その中に濃く醸した酒をいっぱいに入れて、ヲロチがやって来るのを待っていなさい」。

スサノヲが、怪物の異様な姿態の有様を聞き、それに合わせてその退治のために案出した、この巧妙な計画に従って、彼に言われた通りの準備をすっかり整えて待っていると、ヲロチがやって来てスサノヲの考えの通りに、船の形の器のそれぞれに、自分の八つの頭の一つずつを垂らし入れて、中の酒を飲み、すっかり酔って、その場にうつ向けに倒れ伏して、眠ってしまいました。そこでスサノヲは腰に帯びていた剣を抜いて、ヲロチをずたずたに斬って殺しました。ヲロチから流れ出た大量の血によって、肥の川がまっ赤な血の川のようになったと言われています。

彼の偉業であるヤマタノヲロチの退治に当たってはスサノヲは、肥の河を流れてくる箸を見て、上流に人が住むと判断し、その場所に向かって行ったことに始まって、常に計慮を働かせて行動をしました。非常な難敵だったこの怪物との戦いのためには、彼はただやみくもに力を振るうのではなく、最良と思われた計略を考案した上で、必要だった準備をアシナヅチらに綿密に整えさせておいて、計画した通りのやり方で、ついに相手を仕留めたとされています。

このようなスサノヲのやり方は、天から追放されるまでの彼の行動の様式とは明らかに、違っています。そのときまでのスサノヲは、彼の心の中で働く「太母」の投影された存在であったイザナミ、次にアマテラスへの猛烈な思慕に駆られて、「母離れ」の遂げられていない嬰児または駄々っ児として振舞い、鬚が長く伸びても一向に、一人前の大人の神としての行動ができずにいました。

それが地上でまず、乳で嬰児を養うような母からの明確な自立を意識したと思われる、オホゲツヒメ殺害の事件を経て、このヲロチ退治の話ではスサノヲは、すでに母からの自立を完全に遂げている、大人の神のように振舞い、衝動の赴くままにではなく、思量を十分に働かせて事を行うという、成人した神ならではのやり方で行動して、みごとに目的を遂げているようにも見えます。

だが一見すると彼がこのように、母から完全に自立した大人の神の振舞いをしているように見える、このヲロチ退治の話の中でもスサノヲは実際にはまだ、「太母」の投影された存在であるアマテラスへの強烈な思慕を、断ち切ってはいません。

断ち切れぬアマテラスへの思慕と「太母」との固着

そのことはまず、クシナダヒメを妻に貰い受けるために、彼がアシナヅチと取り交わしたとされている問答から、はっきりと窺えます。このときスサノヲが、「この汝が女《むすめ》をば吾に奉らむや」と尋ねると、アシナヅチは答えて、「恐《かしこ》けれども御名を覚《し》らず」と言ったとされています。こう言われてアシナヅチに名を聞かれたスサノヲは、「吾は天照大御神のいろせなり。故《かれ》今、天より降りましつ」と言って、アシナヅチとテナヅチを恐縮させ、「然《しか》まさば恐《かしこ》し。立奉《たてまつ》らむ」と言わせて、クシナダヒメを妻に貰い受けました。

このやり取りから、スサノヲが、自分がだれであるかを知らせるために、明らかにせねばならぬのは、名前ではなく、自分が実の弟神としてアマテラス大御神とだれよりも近しい関係にあり、その姉神とつい先ほどまで、いっしょに天にいたということだとはっきり分かります。つまり天から追放されて、アマテラスと直接的な触れ合いを持てなくなっても、スサノヲは相変わらず、自分と姉神との結びつきこそが、他の何よりも肝心で、それこそが自分の最大の価値だと見なしていたわけです。

完全に自立した大人の神のように振舞って、ヲロチ退治を見事にやり遂げたあとでも、スサノヲはこのようなアマテラスへの強烈な思慕を、少しも変わらずに持ち続けていました。そのことはそこで彼がしたと物語られている仕業から、はっきりと知られます。

ヲロチをずたずたに斬り殺したときに、スサノヲが、八本あったこの怪物の尾の中ほどの一本を斬ろうとすると、彼が使っていた剣が硬いものに当たって、刃が欠けました。それで怪しいことだと思って、その尾を剣の切っ先で裂いてみると、中から鋭い剣が見つかりました。スサノヲはそれを取り上げて、世にも不思議なものだと思い、アマテラスに献上したので、その剣が後に皇室の三種の神器の一つのクサナギの剣になったのだとされています。そのことは『古事記』には、こう物語られています。

故《かれ》、その中の尾を切りたまひし時、御刀《みはかし》の刃毀《か》けき。ここに怪しと思ほして、御刀の前《さき》もちて刺し割《さ》きて見たまへば、都牟刈《つむがり》の大刀《たち》ありき。故《かれ》、この大刀を取りて、異《あや》しき物と思ほして、天照大御神に白し上げたまひき。こは草薙の大刀なり。

『日本書紀』本文には、そのことはこう記されています。

時に素戔嗚尊、乃ち所帯《は》かせる十握剣《とつかのつるぎ》を抜きて、寸《つたつた》に其の蛇を斬る。尾に至りて剣の刃少しき欠けぬ。故《かれ》、その尾を割裂《さ》きて視《みそは》せば、中に一の剣有り。此所謂草薙剣なり。素戔嗚尊の曰《のたま》はく、「是神《あや》しき剣なり。吾何《いかに》ぞ敢へて私《わたくし》に安《お》けらむや」とのたまひて、天神《あまつかみ》に上献《たてまつりあ》ぐ。

つまりこのときに退治したヲロチの尾の中から、皇室の三種の神器の一つのクサナギの剣となる神剣を入手すると、スサノヲはその素晴しい宝を自分のものにはせずに、高天の原に送ってアマテラス大御神に、献上したとされています。三種の神器は言うまでもなく、それを持つ者がこの国の正当な支配者であることを示す、神宝にほかなりません。その一つの剣をスサノヲが獲得したことは従って、彼が葦原中国に君臨する資格を得たことを意味する事件だったのだと思われます。

それなのに彼は、アマテラスへの止むことのない激しい思慕に駆られて、その剣を惜し気もなく手放し、姉神に献上してしまいました。そのことは彼が、それまでそこに跳梁していたヲロチを退治し、この怪物の害を取り除いて得た、地上の支配者の地位を、自分から放棄したことを意味すると思われます。

事実ヲロチを退治したあとにスサノヲは、この怪物の餌食になろうとしていたのを彼が助けた、クシナダヒメを妻にして、次章でその事績を検討するオホクニヌシの神の祖先となります。だがその地上での結婚生活を、長くは続けずに、『日本書紀』に、「然して後に、素戔嗚尊、熊《くま》成峯《なりのたけ》に居《ま》しまして、遂に根国に入りましき」と言われているように、生まれたあとひたすら泣きわめくことで表明した願望の通りに、根の国に行ったと物語られています。

彼が誕生したあと、天に昇って行く前まで続けたと物語られている、この「啼きいさち」には明らかに、彼がアマテラスにした神剣の献上と、たがいに重なり合うところのある意味が、認められると思われます。「啼きいさち」を続けていたあいだスサノヲは、「太母」の投影されたイザナミへの猛烈な思慕に妨げられて、イザナキが彼に委せようとした、海あるいは天下の支配者の任務を、果たすことができずにいました。これは神剣をアマテラスに献上することで彼が、やはり「太母」の投影された姉神への止むことない思慕に駆られて、手に入った地上の支配者の地位を、自分から放棄したことと、明らかに対応すると思われるからです。

ヤマタノヲロチを退治し、助けたクシナダヒメを妻にすることで、完全に大人の神として振舞ったように見えても、スサノヲはその時点でもまだ、太母の投影された存在だったアマテラスとの関係への固執を続けていました。そのことで彼は、ユング派の分析心理学の用語で言う、「太母」からの「母離れ」が遂げられていない状態から、相変わらず脱却ができずにいたわけです。

スサノヲのアマテラスへの思慕は、それに妨げられて、ヲロチ退治によってとうぜん彼のものになったと思われた、地上の支配者の役を、彼が果たしえなかったほど、強烈なものでした。ただいくらひたすらに思慕してもスサノヲには、彼が自身の暴挙によって決定的に打ち毀してしまった、慈母とその甘やかしに浸る愛児との関係を、アマテラスとのあいだにまた取り戻すことは、どのようにしてもできるはずがありませんでした。

それで激しく「啼きいさち」を続けたときの初心にかえってスサノヲは、「妣の国根の堅州国に罷らむ」また「母（いろはのみこと）に根国に従はむ」という、そのときの願望の通りに、けっきょく地上での暮らしを止めて、根の堅州国に行ったのだと思われます。だが根の堅州国に行って住んでも彼がそこで、おぞましい死の女神になっているイザナミとのあいだに、願望したような母と子の触れ合いを、持ちえようはずがなかったことは、前にも見た通りです。

それだから「太母」への思いから脱却ができていないスサノヲには、根の堅州国でも、そこに行っても触れ合いの持てぬイザナミとは別の、「太母」の像を投影できる存在が必要でした。その役を彼のためにしていたのは明らかに、『古事記』にオホクニヌシが根の堅州国を訪問したときに、スサノヲがそこで一緒に暮らしていたことを物語られている、娘のスセリビメだったのだと思われます。それだから彼はこの愛娘に猛烈な執着を持ち、彼女を妻にして自分から引き離そうとしたオホクニヌシを目の敵にして、彼に対して次章で見るような、執拗な虐待と迫害をしたことを、物語られているのだと思われます。

女神たちに熱愛されたオホクニヌシ

一目惚れして妻になったヤカミヒメとスセリビメ

日本神話の中でとくに親しみが深い神は、オオクニヌシの神ではないかと思われますが、この神の際立った特徴としてまず、つねに女神たちに、熱烈に愛される、ということがあります。オオクニヌシの最大の功績は、神話の中で「国作り」と呼ばれている、偉大な事業を成し遂げたことです。その上で彼は、作物の栽培や医療などの文化を広めて、豊かな産物を出す土地に作り上げたその国を、高天の原から降されることになった、アマテラス大御神の孫の天孫に「国譲り」するまで、「国つ神」と呼ばれる地上の神たちの統領となって、支配し続けたと物語られています。しかし彼はそのために必要だった力を、当初から持っていたわけではありませんでした。

そもそものはじめにはオオアナムヂと呼ばれていた彼は、八十神《やそがみ》と呼ばれる大勢の異母兄たちから、ひどい虐待と迫害を受け、二度にわたって彼らに惨殺されても、まったく何の抵抗もできなかったほど、徹底して無力な存在でした。だがその時点でも彼はすでに、出会う女神を瞬時に自分への愛のとりこにしてしまうことでは、だれも敵うもののいない、絶大な性的魅力を持っていたことになっています。

彼を主人公にする神話の冒頭には、八十神がそろって、因幡の国に住んでいたヤカミヒメという女神に思いをかけて、みんなで求婚に行ったおりに、オホクニヌシに袋を背負わせて、従者として連れて行ったことが語られています。

八十神がこの女神のもとに到着して求婚をすると、ヤカミヒメは彼らに、「吾は汝等の言《こと》は聞かじ。大穴牟遅神《おほあなむぢの》に嫁《あ》はむ」と、返答しました。

つまり彼女は重い荷物を担わされている下僕の姿で、自分の前にとつぜん現われた、当時はオホアナムヂと呼ばれていたオホクニヌシに一目惚れをしました。そしてそのためにはるばるやって来た、八十神たちの結婚の申しこみを、にべもなくはねつけて、何の意志表示もしていないオホクニヌシを、自分から夫に選んだとされているわけです。

それまで侮蔑の対象としか見なしていなかった異母弟に、このようにしてとつぜん、自分たちが思いをかけていた女神の愛を、目の前で横取りされた八十神はとうぜん、烈火のように怒りました。それで彼を殺してしまおうと相談して、オホクニヌシをある山のふもとに連れて行きました。

そして自分たちがこの山にいる赤毛の猪を、狩り出してこの場所に追い下すので、待っていて捕えるように厳命し、そのことに失敗すれば必ず殺すと言って彼を嚇しつけました。

それから山の中で、猪の形をした大きな石を、火でまっ赤に焼いて、それをオホクニヌシが待っている場所に、転がし落としました。オホクニヌシはそれで、てっきり赤毛の猪だと思って、捕えようとして懸命にその焼け石に抱きつき、大火傷を負って死んでしまいました。

だがオホクニヌシには、性愛の対象として彼に夢中になる女神たちのほかに、それとは別の種類のいっそう強烈な愛を惜しみなく注いで、どんな状態からも彼を救おうとしてくれる、もう一人の女神がいました。

それは彼の母神のサシクニワカヒメで、最愛の息子がこのようにして惨死させられたことを知ると、彼女はすぐに泣きながら天に昇って行って、偉い天神のカムムスヒにそのことを訴えて、助けを懇願しました。そうするとカムムスヒは、キサガヒヒメという赤貝の女神と、ウムガヒヒメという蛤の女神と、二柱の貝の女神たちを派遣して、オホクニヌシの治療に当たらせたので、そのおかげでオホクニヌシは生き返って、火傷も跡形が無くなり、前通りの美男子の神になって、元気に歩き出しました。

それを見ると八十神は、オホクニヌシをまた山の中に連れて行きました。そして大きな木を伐り倒し、その幹にくさびを打ちこんで割れ目を開かせておいて、その中にオホクニヌシを入らせました。それからくさびを打ち放って割れ目を塞いで、オホクニヌシを木の中で潰して殺したのです。

そうすると母神はまた、いなくなった息子を、泣きながら探してまわり、見つけると木を割いて中から取り出して生き返らせました。

それから彼女はオホクニヌシを、いったんは紀伊の国に住むオホヤビコという神のもとに逃げて行かせました。だが八十神はそこへも追って来て、弓に矢をつがえてオホクニヌシの命を執拗につけ狙ったので、母神はしまいに、「須佐之男命の坐《ま》します根の堅州国に参向《まゐむか》ふべし。必ずその大神、議《はか》りたまひなむ」とオホクニヌシに言い聞かせて、彼を偉い祖先の神のスサノヲのいる、根の堅州国に赴かせました。

このようにして地上にいたあいだ、彼を惨死から二度にわたって奇蹟的に生き返らせてくれたほど強力だった、母神のあらたかな庇護を受け続けていたオホクニヌシは、とつぜんその母神の側から遠く離れて、彼女の助けも届かない、地下界に降りて行かねばならぬことになったわけです。

その根の堅州国でも彼は、そこに到着するとすぐにまた、一瞥しただけで女神が彼を熱愛せずにいられなくなる、不思議な性的魅力を発揮しました。そして自分から進んで彼に身をまかせて、献身的な妻になった強力な女神の助けを、地下界に滞在していたあいだ、受け続けられることになったとされています。

根の堅州国のスサノヲの住居にオホクニヌシが着くと、すぐに父といっしょにそこに住んでいた、スサノヲの娘の女神のスセリビメが出て来て、彼を迎えました。そして「その須勢理毗売出で見て、目合《まぐはひ》して、相婚《あ》ひたまひて」と言われているように、その場で目を見合わせただけで、すぐに夫婦の契りを結んでから、家に入って父に、「甚麗《いと》しき神来ましつ」と言って、オホクニヌシが来訪したことを報告しました。

このようにして彼の妻になったスセリビメに助けられながら、オホクニヌシはスサノヲによって次々に命じられる難事をすべてやり遂げて、しまいに妻のスセリビメを伴って、地下界から また地上に帰って来ることができたと物語られています。

アフロディテに熱愛されたアドニスとの酷似

一目見た女神がたちまち、熱愛せずにいられなくなるほど、異常な蠱惑力を持っていたとされている神は、ギリシア神話にも出てきます。それは美と愛の女神のアフロディテが、まだ生まれたての赤児の彼を見て、そのえも言われぬ愛くるしさに夢中になり、絶世の美青年に育てた上で愛人にし、鍾愛の限りを尽くしたと言われているアドニスです。

しかもこのアドニスとオホクニヌシのあいだには、両者の話ができた場所と時代の大きなへだたりにもかかわらず、偶然の所為とは思えぬほど、奇妙によく似た点がいろいろ見つかるのです。

まずアドニスは狩りの最中に、兇暴な猪に襲われました。そして牙を股間に突き刺されて惨死したと物語られています。これはオホクニヌシが狩りに連れ出されて、猪だと思いこまされた焼け石を転がし落とされ、大火傷を負って死んだという話と、似たところがあります。

ただ一方のオホクニヌシが、猪とそっくりの焼け石に殺されたとされているのに、他方のアドニスは、本当の猪の牙に刺されて死んだと物語られているので、このことだけを見たのでは両方の話の似たところは、それほど大きくはないようにも見えます。だがギリシア神話の一伝ではアドニスを殺した猪は、彼がアフロディテの愛人にされて、女神の寵愛をほしいままにしていることに、激しく嫉妬した戦いの神のアレスが差し向けたものだったと言われ、別伝ではアレス自身が猪に変身して、アドニスを襲ったのだとも言われているのです。

アレスはギリシア神話の中でアフロディテと、ほとんど公然に近い愛人の関係を持ち続け、アフロディテはアレスとのあいだに、どちらも戦場で人々が感じる恐れを神格化した、恐怖の神霊であるポボスとデイモスという二人の息子や、調和の女神のハルモニアなど、何人もの子を産んだとされています。つまりアフロディテに愛人にされ、その寵愛を受けたことでアドニスは、女神にその前から強い思いを寄せていた、このきわめて残忍な戦神を、憤慨させてしまったわけです。そしてそのことが原因で、そのアレスが差し向けた、猪の牙で刺し殺されたことになっているのです。

これはオホクニヌシが、ヤカミヒメに愛されたことで、彼女に思いをかけていた八十神たちを憤激させてしまい、そのために彼らから、猪とそっくりの焼け石を差し向けられて殺されたというのと、大変よく似た話ではないかと思われます。つまりオオクニヌシとアドニスはどちらも、女神に愛されて夫あるいは愛人にされたために、その女神に恋していたきわめて残忍な、多数または一人の神から、激しい憎悪を受けました。そして彼を不倶戴天の恋敵と見なしたその神たちまたは神によって、狩りの最中に、一方は猪とそっくりの焼け石を、他方は猪そのものを送られて、無惨な殺され方をしたとされているわけです。

オオクニヌシはまた、八十神たちによって木の幹の中に封じこめられて、惨死させられたと物語られています。そのときには彼の母神が、その木を割いて中から彼を取り出して、生き返らせたとされています。木の中から出てきたことは、アドニスについても語られています。アドニスの実母だった、スミュルナまたはミュルラという名の美女は、彼を妊娠したまま、ギリシア語でスミュルナともミュルラとも呼ばれた、高価な香料の没薬を樹脂として出す、ギンバイカ（ギリシア語名はミュルトス）の木に、変身してしまいました。アドニスは、その木の内部で胎児として成長を続け、月が満ちたときに、幹が割れて誕生したとされています。

これらの話を比べてみると、一方のアドニスが木の中で胎児として育ち、その木から嬰児として誕生したとされているのに、オオクニヌシの方は、木の中で死んでいたのを取り出されて再生させられたと物語られているので、二つの神話のあいだには、かなり大きな違いがあるようにも思えます。だがアドニスの誕生はじつは、この神の再生の意味も持っていたことが、明らかだと思われるのです。なぜならアドニスは毎年、一年の三分の二の期間は、地上でアフロディテの愛人となって暮らすが、残りの期間は死んで地下の世界に行き、そこで冥府の女王のペルセポネの愛人として過ごさねばならぬ運命を、定められていることになっているからです。つまりアドニスは、木の中から誕生するとそのたびに、地下の死者の国から地上への再生を果たしていたことになるわけです。アドニスとオホクニヌシはこのように、どちらも木の中から再生することを語られている点でも、じつはそっくりな神なのです。

アドニスにこのような運命が定まった理由は、神話の中でこう説明されています。母の変身した木から誕生したアドニスは、すぐにアフロディテの目に止まりました。女神は香木から生まれた赤児の匂うような美しさを見て夢中になり、自分の愛人にしようと決めました。そして他の神が、この児を見て欲情し、愛人または愛童にしようとすることを恐れて、彼をいったん箱の中に隠して、その箱を冥府のペルセポネに預けました。ところがペルセポネも箱を開け、中のアドニスを一目見ると、たちまちその美しさに魅了され、彼をどうしても自分の愛人にしたいという思いに取りつかれて、アフロディテに返すことを、何と言われても拒んだのです。

こうして二人の偉い女神たちのあいだで、どちらがアドニスを自分の愛人にするかという、激しい争いが起こりました。けっきょく、神々の王のゼウスの裁定によって、アドニスは一年の三分の一をアフロディテと地上で過ごし、三分の一はペルセポネといっしょに冥府にいて、残りの三分の一の期間は、自分の好きにしてよいことに決められました。そうするとアドニスは、自分の思い通りにできることになった期間も、アフロディテといっしょに暮らすことにしたのだとされているのです。

つまりアドニスは、木から出たあとで女神によって、地下界に送られました。するとそこで会った別の女神が、一目で彼に恋をして、自分の愛人にしたことになっているわけですが、これとそっくりと思われるほど似た出来事はじつは、オホクニヌシの神話にも語られているのです。

オホクニヌシを封じこめられていた木の中から出して生き返らせたあとで、母のサシクニワカヒメは彼をいったんは、紀伊の国にいるオホヤビコという神のもとに逃げて行かせましたが、八十神がそこまで追ってきて、あくまで殺そうとしたので、けっきょく地下界の根の堅州国に住む、スサノヲのもとに行かせました。つまり彼もサシクニワカヒメによって木から取り出されたあとで、地下界に送られたことになっているわけです。

その地下界で、彼と最初に会った女神のスセリビメが、彼を一目見るなりすぐに目を合わせ、自分から進んで身を任せて、その場で夫婦の契りを結んだとされていることは、前に見た通りです。つまりアドニスとオホクニヌシはどちらも、木から出たあとで、彼を熱愛していた女神の計らいで、地下界に行かされました。そしてその地下界で彼を迎えた女神から、熱列な一目惚れをされて、一方のアドニスは一年の三分の一の期間を、その女神の愛人になって過ごさねばならぬことにされ、他方のオホクニヌシは、その女神の夫にされたことになっているわけです。アドニスとオホクニヌシの神話にはこのことでも、不思議なほどよく似たところがあることが、明らかだと思われます。

その上オホクニヌシは、このようにして彼の妻になったスセリビメに助けられて、根の堅州国でスサノヲから次々に命じられた、難事をすべて果たします。そしてその上で彼女を背負って、地上に帰って来たことになっています。

根の堅州国に来る前にオホクニヌシが、二度にわたって八十神たちに惨殺され、そのたびに母神の尽力のおかげで、生き返ったことになっているのは、前に見た通りです。

つまりオホクニヌシは死んでは生き返ることをくり返したあとに、地下界に行き、そこからまた地上に帰還したとされているわけで、この点でもギリシア神話でアドニスが、死んではまた再生し、地下界に滞在しては、地上に帰って来ることをくり返すとされているのと、よく似ていると思われます。

何よりも出会う女神が次々に一目惚れをして、夫または愛人にせずにいられなくなるほど、きわめて異常な性的魅力を持つとされている点で、両方の神がそっくりと思われるほどよく似ていることは、前にも述べた通りです。

死んで再生することで成長を遂げたオホクニヌシ

オホクニヌシの神話にはこのようにいろいろな点で、ギリシア神話のアドニスの話と、びっくりするほどよく似ているところがあり、前者の話が何らかの経路によって、後者の話から強い影響を受けていることが、明らかではないかと思われます。それにもかかわらず両方の神話には、それぞれの主人公の神の本質に関わると思われる、きわめて大きな違いがあります。

アドニスの死と再生、冥府への下降と、そこからの誕生による地上への復帰は、毎年くり返される同じ事件です。それと違ってオホクニヌシの二度にわたる惨死と、その状態からの蘇生、また根の堅州国への逗留と、そこからの地上への帰還は、それぞれが一回的な別個の事件で、けっして同じ出来事のくり返しではありません。

アドニスは毎年同じように木の中から誕生しては、アフロディテに鍾愛されて、一年の三分の二の期間を、この美と愛の女神の愛児となり愛人となって、悦楽に酔い痴れて地上で暮らします。だがその期間が終わると、狩りの最中に猪の牙に刺されて、惨死を遂げ、冥府に行き、翌年また新しく木から誕生するまで、一年の三分の一の期間を、ペルセポネの愛人にされて過ごすことを余儀なくされます。これらの一連の事件は、来る年も来る年も、季節の変化につれてまったく同じようにくり返されます。

アドニスは毎年、こよなく美しい嬰児として誕生し、アフロディテの愛と庇護を受けて、絶世の美青年に成長します。しかし決まって殺害され、うら若い生を絶たれてしまいます。そして翌年には再び、嬰児として再生するので、死と再生、冥界への逗留と地上への帰還をくり返し、アフロディテの庇護にもかかわらず、アレスの差し向ける猪の攻撃に対しては無力で、敢えなく殺されてしまう柔弱な存在から、より強力な神に成長することはありません。

それに対してオホクニヌシは、たしかにアドニスを思わせるような仕方で、死んでまた生き返り、地下界に行ってそこからまた、地上に帰って来ます。だが根の堅州国から地上に戻って来たときの彼は、スサノヲの愛娘スセリビメを妻にし、彼女を背負った上に、神の宝である大刀と弓矢と琴を携えていました。そして地上に帰り着くと、以前には理不尽な虐待をされた上に殺されても、何の抵抗もできなかった暴虐な八十神たちを、たちまちのうちに苦もなく征伐し駆逐しました。そしてその勝利によって彼の活動を妨げるものがいなくなった地上を巡行しながら文化を広め、豊穣な国を作り上げる、「国作り」の事業に取り掛かったとされています。そのことは『古事記』に、「故《かれ》、その大刀、弓を持ちて、その八十神を追ひ避《さ》くる時に、坂の御尾《みを》毎《ごと》に追ひ伏せ、河の瀬毎《ごと》に追ひ撥ひて、始めて国を作りたまひき」と、記されています。

死んでは生き返ることをくり返し、地下界に行きそこからまた地上に帰るまでの一連の出来事のあいだに、アドニスを彷彿させる徹底して柔弱な神だったオホクニヌシは、日本神話の中で大立物の一人として目覚ましい活躍をする力を持つ、偉大な神へと成長し変容を遂げたことになっているわけです。そのあいだに、彼の身に起こった出来事の一つ一つには、その成長を果たし変容を達成するために、この神が耐えて乗り越えねばならなかった、試練としての意味があったことが、明らかだと思われます。

このような成長と変容のために、とりわけ重要な転機と成ったのは、根の堅州国への訪問でした。それによって彼が試練を受ける場所が、地上から一転して地下界に変わりました。そしてそこで彼は、それまで彼の庇護に懸命に努めてくれた母のサシクニワカヒメに代わって、妻となったスセリビメに助けられながら、彼を二度にわたって惨死させた八十神たちとは、比較にならぬほどはるかに強力な、スサノヲの虐待に耐えねばならぬことになったからです。

スサノヲが彼に加えた迫害がオホクニヌシにとって、成長のために乗り越えねばならなかった、試練としての意味を持ったと思われるのは明白です。だがスサノヲはけっしてオホクニヌシを偉大な神に成長させてやろうとして、彼を次々に難事に立ち向かわせたのでは、なかったのだと思われます。ヤマタノヲロチを見事に退治して、助けたクシナダヒメと結婚してもスサノヲは、そのヲロチの尾の中から得た宝剣を、彼にとって「太母」の投影された存在だったアマテラスに、惜し気もなく献上してしまったとされていることから明らかなように、まだ「太母」の強烈な「呑みこむ力」からの「母離れ」が、遂げられていない状態にありました。

それで彼は、クシナダヒメとの地上での夫婦生活を長くは続けずに、別れて根の堅州国に来てそこに住むことになったわけですが、そうなってもスサノヲにはその地下界でも、「太母」の像を投影できる存在が必要でした。彼は、そこでいっしょに暮らしていた娘のスセリビメに「太母」の像を投影して、この愛娘との結びつきに、母からけっして離れまいとする幼児のように、固くしがみつこうとしていたのだと思われます。

ところがそこにとつぜんオホクニヌシがやって来ると、娘のスセリビメは一目見ただけでたちまち、この神の魅力のとりこになりました。そして自分から即座に彼に身をまかせて夫婦の契りを結んでしまいその上で、家に帰ってスサノヲに、「甚麗《いと》しき神来ましつ」と言って、オホクニヌシが来訪したことを知らせたとされているわけです。

スサノヲから受けた敵意と虐待

「うるはし」という語は、『岩波古語辞典』に説明されているように、奈良時代より以前にはもともと、「相手を立派だ、端麗だと賞讃する気持ち」を表わすものでした。スセリビメがこの語を使い、「甚麗《いと》しき神」つまり「きわ立って立派で端麗な神」だと言って、オホクニヌシの並外れた美麗さを、口をきわめて絶讃するのを聞くとスサノヲは、家の外に出てオホクニヌシを見て、「こは葦原色許男《しこを》と謂ふぞ」と言ったと物語られています。

「しこ（醜）」にはたしかに、頑強な、頑丈なという意味があり、とりわけ有名な『万葉集』四三七三番歌で、「大君の醜の御楯と出で立つ我は」と歌われているようにこの語には、「勇猛な」という意味があるという解釈もされています。だが『日本古典文学全集（小学館）』の『万葉集』第四巻の頭注で解説されているように、この歌でも「しこ」はやはり第一義的には「醜悪の意」で使われており、「醜の御楯」には、自分が「不肖の身にして皇軍の一員たる資格に欠けると謙遜して言う」意味があると考えられます。

『岩波古語辞典』に、「ごつごつして、いかついさま。転じて、醜悪、凶悪の意」と説明されているように、「頑強な」という意味で使われた場合にもこの語には、その頑強さを賞めるのではなく、ごつごつして醜いと賎しめて言う含意があったことが、明らかと思われます。ここでも「こは葦原醜男と謂ふぞ」と言うことでスサノヲは、「葦原中国からやって来た、ごつごつした醜男にすぎない」と言って、スセリビメがすでに心も身も奪われ、「甚《いと》麗しき神」と絶讃する、オホクニヌシの類い無い美麗さを、真っ向から否定しようとしたのだと思われます。

スサノヲがここで口にした、葦原醜男という呼び名に、彼がこれから課そうとしている厳しい鍛練によく耐えて、立派な成長を遂げられる頑健さを持っていると認めて、オホクニヌシを評価するような意味は、まったくなかったことは明らかです。

掛け替えのない愛娘を、自分から奪って行きかけていると思われたオホクニヌシに対して、スサノヲは対抗心と敵意を剥き出しにし、虐待を加えて、はっきりと殺そうとまでしたと物語られています。

まずスサノヲはオホクニヌシを、家に呼び入れました。そしてその晩は、蛇のうようよいる室に寝かせました。だがスセリビメは彼に、蛇を鎮める呪力のあるひれ（古代に女性が、首から肩にかけて垂らした薄布）を与えて、「蛇が食おうとしたら、これを三度振って追い払いなさい」と、教えました。その通りにすると、蛇はたちまちおとなしくなり、彼は無事にその室で安眠して、出てくることができました。

次の夜にはスサノヲは、彼を、ムカデと蜂がいっぱいいる室に寝かせました。彼はまたスセリビメから、それらの毒虫を鎮める呪力のあるひれを貰い、前と同じように使い方を教えられたので、そのおかげで夜を過ごし無事に出てくることができました。そのことは『古事記』に、こう物語られています。

すなはち喚《よ》び入れて、その蛇《へみ》の室《むろや》に寝しめたまひき。ここにその妻須勢理毘売命、蛇の領巾《ひれ》をその夫《ひこぢ》に授けて云《の》りたまひしく、「その蛇咋《く》はむとせば、この領巾を三たび挙《ふ》りて打ち撥ひたまへ。」とのりたまひき。故《かれ》、教への如《ごと》せしかば、蛇自ら静まりき。故、平《やす》く寝て出でたまひき。また来る日の夜は、呉公《むかで》と蜂との室に入れたまひしを、また呉公蜂の領巾を授けて、先の如教《ごと》へたまひき。故、平《やす》く出でたまひき。

根の堅州国に到着して、スサノヲに命じられた、これらの課題に対処したときのオホクニヌシの振舞いにはすでに、地上で八十神に迫害されては殺されていたときとは、はっきりとした違いが認められます。

このときに彼はたしかに、妻から二種類の呪具のひれを授かった上に、その使い方を教えられてはいます。だがその呪具を妻に教えられた通りに、彼は、自分の手で三度振ることで、降りかかろうとした危難を、自分自身の行動によって払い除けています。これは八十神の加害に対して、まったく何の抵抗もせずに、無為のまま殺され続けたときの彼の態度とは、明らかに違っていると思えます。

スサノヲの心に起こった変化

根の堅州国で妻の助けを受けながら、このようにして緒についたオホクニヌシの変化は、そのあとにスサノヲに命じられた、きわめつきだったと思われる難事を、彼が果たすあいだに、さらに格段に明瞭なものになっています。

「蛇の室」と「呉公と蜂との室」から無事に出て来たオホクニヌシに対して、スサノヲは次に広い野原の中に鏑矢を射こみ、その矢を取って来るように命令しました。そして彼が矢を探そうとして野原に入りこんだところで、周囲から火を燃やしつけたのです。

オホクニヌシは、猛火に囲まれて逃げ場が見つからずに、今にも焼き殺されてしまいそうになりました。そうするとそこに鼠が出て来て、「内はほらほら、外はすぶすぶ」と言って、その場所の地下に、外からの入口は狭いが内部は広い、鼠のすみかになっているほら穴があることを、仄めかしてくれたのです。

彼は、そこの地面を踏みつけて、その穴の中に入りこみました。そこに避難していると火はそのあいだに上を過ぎて行きました。するとそこへ鼠が、スサノヲの射た矢をくわえて来てくれました。矢の羽は鼠の子たちによって、すっかり食われていましたが、とにかくオホクニヌシはその矢を持ち帰って、スサノヲに奉ることができました。

そのときスサノヲは、オホクニヌシがてっきり焼け死んだと思って、野原に立っていました。スセリビメもやはり、夫が死んでしまったと信じて、葬いのための用具を持ち、激しく泣きながらそこに来ていました。

そのことは『古事記』に、「ここにその妻須世理毗売は、喪具《はふりつもの》を持ちて、哭きて来、その父の大神は、已《すで》に死《みまか》りぬと思ひてその野に出で立ちたまひき」と書かれています。

スサノヲはこのとき、彼が野に放った火によって、オホクニヌシがまちがいなく焼け死んだと、思っていたのです。このことからスサノヲが、切り抜けることが不可能と思われた至難事をオホクニヌシに命じたのは、けっして彼を鍛錬しようとしてしたのではなかったことが、明らかです。スサノヲは自分がスセリビメと密着した結びつきを持ち続けるのに、じゃまになると思われたオホクニヌシを、はっきり亡き者にしようとして、彼を絶対と思われた死地に追いこんだのだと、思われるわけです。

オホクニヌシがこの危地から脱出するのを助ける力は、スセリビメにはありませんでした。それで彼女は夫に死を免れさせることは、すっかり断念して、ただ絶望して泣哭することしかできなかったとされています。ところがオホクニヌシは、まさに絶体絶命と思われたその危難を、妻からの助けも受けずに、無傷で乗り越えたことになっているのです。

たしかにこの場面で彼は、鼠に助けられたことになっています。だがその鼠から得た助けと、前に彼が妻から受けた助けとのあいだには、はっきりとした違いがあります。前には彼はスセリビメから、呪具のひれを授けられた上に、それをどのようにして使えばよいかということまで、すっかり教えてもらいました。その妻の教えに、自分自身の判断は何もつけ加えずに、その通りに従うことで、災いから逃れることができました。

それと違ってこのときには彼は、そこにとつぜん姿を現わした鼠から、「内はほらほら、外はすぶすぶ」という、まるで謎掛けのような意味のはっきりしない言葉を聞かされ、瞬時に明敏な判断力を発揮し、その謎のような言葉の意味を解いて、間髪を入れずにその場所の地面を強く踏みつけることで、地下の広い穴の中に落ちこんで、猛火の害から逃れることができたとされています。

鼠に助けられながら、彼はその助けを自身の機知と気転を働かせて利用し、応変の行動をして、危地を脱したとされているわけです。

オホクニヌシから彼が持ち帰った矢を受け取るとスサノヲは、彼をまた家に連れて入って、内部が広い室になった建物の中に呼び入れました。そして自分の頭にたかっている、シラミを取れと彼に命令しました。

オホクニヌシが見ると、スサノヲの頭にはシラミではなく、たくさんのムカデがいました。オホクニヌシはそこでまた、もう一度妻の助けを受けました。スセリビメはムクの木の実と赤土を持って来て、彼に渡してくれたのです。それでオホクニヌシはその実を音をたてて嚙み砕いては、赤土を口に入れていっしょに吐き出しました。

そうするとそこで、さきほどまでオホクニヌシを敵視し、殺そうとまでしていたスサノヲの心に変化が生じました。

彼が命令した通りに、自分の血を吸ったムカデを捕え、嚙み殺しては血といっしょに口から吐き出していると思いこんだスサノヲは、心にオホクニヌシを愛しいと思うようになりました。

そしてそのまま安心して、眠りこんでしまったのです。そのことは『古事記』に、「その大神、呉公を咋《く》ひ破りて唾《は》き出すと以為《おも》ほして、心に愛《は》しと思ひて寝ましき」と、言われています。

「太母」から解放せねば関係を結べないアニマ

その時点からはオホクニヌシは、妻からも他のだれからも何の助けも受けずに、次のようにして根の堅州国から地上への帰還を果たしたと物語られています。

彼はまず熟睡しているスサノヲの長い髪を、室の屋根の支えになっている垂木のそれぞれに、分けて結びつけてから、室の戸口を五百人でやっと動かせるほど巨大な岩で、しっかりと塞ぎました。そしてスセリビメを背負い、スサノヲの宝物だった生大刀《いくたち》という大刀と、生弓矢という弓矢と、天の詔琴《のりごと》という琴を持って逃げ出しました。しかし琴が樹に触れ、大地が揺れるほど鳴り響いたので、スサノヲはその音で目を覚まして起き上がったのですが、そのとたんに、室を引き倒してしまいました。

スサノヲは、垂木に結びつけられていた髪をほどいて、追い駆けましたが、そのあいだにオホクニヌシはすでに、ずっと遠くまで逃げのびていました。それで地下界と地上の境のヨモツヒラサカまで追って来たところでスサノヲは、そこからオホクニヌシに、こう大声で呼びかけました。

その汝が持てる生大刀・生弓矢をもちて、汝が庶兄弟《ままあにおと》をば、坂の御尾に追ひ伏せ、また河の瀬に追ひ撥ひて、おれ大国主神となり、また宇都志国玉神《うつしくにたま》となりて、その我が女《むすめ》須世理毘売を嫡妻《むかひめ》として、宇迦《うか》の山の山本に、底つ石根《いはね》に宮柱ふとしり、高天の原に氷椽《ひぎ》たかしりて居れ。この奴《やっこ》。

スサノヲは、オホクニヌシに彼が持っている大刀と弓矢を使って八十神を征伐して追い払い、オホクニヌシともウツシクニタマとも呼ばれる、国の支配者の偉大な神になり、スセリビメを正妻にして、地底の岩盤を土台にして太い柱を立て、屋根の飾りの千木が天まで届く立派な宮殿を築いて住めと、命令したわけです。

地上に帰り着くとオホクニヌシはさっそく、スサノヲが彼への深い愛情のこもったはなむけとして叫んだ、必ずその通りになる託宣の意味があったことが明らかかと思われる命令の言葉を実行に移しました。そしてまず八十神たちを、生大刀と生弓矢で攻撃し一気に征伐して、彼が支配することになる境域から、完全に追い払いました。そしてその上で「国作り」に取り掛かり、その大業を見事に達成して、オホクニヌシまたウツシクニタマという名に相応しい、偉大な国の支配者の神となり、そこで正妻のスセリビメとの夫婦の絆を、あらためてまた、不動のものとして固めました。

そして古代には実際に、天まで聳えると見えるほどの威容を持っていたことが知られている、出雲大社のような壮大な宮を構えて、そこに住んだのだとされているわけです。

オホクニヌシはこのように、根の堅州国に滞在したあいだに、目覚ましい変化を遂げ、偉大な神に成長して地上に帰って来ました。

その変化と成長のそもそもの起因となったのは明らかに、地下界に行くにあたって彼がサシクニワカヒメと別れ、それまで地上にいたあいだどんな危難からも彼を必死で守ろうとしてくれていた、この母神の慈愛と庇護に依存できなくなったことでした。

オホクニヌシにとって、偉大な神への成長のために、母との別離がどうしても必要なことを、彼自身よりもさきにいち早く察知し、その断行を彼に促してさせたのは、母のサシクニワカヒメ自身でした。彼に自分のもとを去り、根の堅州国に行って、そこに住むスサノヲの裁量に身を任せるように命じたのは、この母の女神がしたことだったと物語られています。

この女神はそれまで溺愛の限りを尽くしてきた息子に、自立を果たさせるために、もはや成長を助けるのではなく、妨げる役しか果たせなくなった、自分のもとから離れさせるという、母にとっては限りなく辛いが息子のためには必須の決断をしました。そしてまさに身を切るようにして、愛息子を自分から「母離れ」させたことになっているわけです。

このことは深層心理学の理論に照らして考えると、きわめて重要な意味を持つと思われます。

オホクニヌシが根の堅州国で会って夫婦の契りを結び、その助けを受けながら偉大な神への成長を助けたとされるスセリビメは、スイスの深層心理学者のユングの理論に照らせば明らかに、ユングがアニマと呼んだ、男性のだれもが無意識の深層に持っている、理想の女性像の具現された存在だと思われます。

ユングによれば男性がこのアニマと会いその助けを得るためにはまず、彼が「太母」と呼んだ、やはり無意識の中で働いている、きわめて強力な母なるものの力の桎梏から、自我を離脱させねばなりません。それができずにいるあいだは、アニマは彼の無意識の内で、自我と同様に「太母」の内に埋没しています。

そしてその「太母」の力から、男性が自我を自立させようとするときに、その心理的な「母離れ」を妨げ離れさせまいとして働く「太母」の拘束力は、まるであらゆるものを呑みこむ恐ろしい怪物の凄まじい力のように感じられるので、ユングはその働きを「呑みこむ太母」と呼びました。

ユングによれば男性は大人への成長の過程で、その「呑みこむ太母」の力と対決して、それを克服せねばなりません。その困難な過程は神話の中では、自我を表わす英雄が、「呑みこむ太母」を表わす恐ろしい怪物に戦いを挑んで、退治する話として表現され、ユング派の分析心理学の用語では、「母殺し」と呼ばれています。

この心理的な「母殺し」ができぬあいだは、男性は大人になることができずに、ユングが「永遠の少年」と呼んだ状態のままでいることになるとされています。

木から誕生した彼を愛児として、鐘愛の限りをこめて絶世の美青年に育てては、ひたぶるに寵受するアフロディテから、最後まで離れることができずに、うら若いままで惨死することをくり返すとされている、ギリシア神話のアドニスはまさに、この分析心理学の用語でいう「永遠の少年」そのもののような存在です。

「母殺し」をせずに成長を達成できたオホクニヌシ

わが国におけるユング派心理学の泰斗だった河合隼雄によれば、分析心理学の用語でいう「母殺し」の過程を経て心理的な「太母」からの「母離れ」を果たすことは、日本人の男性にとっては、ほとんど不可能に近いほど難しいのではないかと思われます。そのことを如実に表わしている事例として、河合は著書の中で、次のような三十代の日本人男性が見たという夢をあげています。(1)

ある女の人を沼か川のようなところから網でもって救いあげようとしていた。彼女はその網にすがっている。ところがいつのまにか、フカかサメのような魚が網をひっぱっている。どうやら女の人はフカに呑みこまれてしまったらしいのだ。フカの歯のむき出された口もとには血がついている。それは女の人の血か、それとも私たち――網をひっぱっているのは、そのときには私ともう一人の男になっていた――にひっぱられて傷ついたフカのそれであるかもしれないと思った。フカはずいぶん手強くて、下手をすれば私たちは逆に水にひきこまれるかもしれない。あるいは、それを手もとへひきよせすぎたら、そのするどい歯をもった、大きくあいた口のなかにくわえこまれるかもしれない。しかし、私たちはとうとう陸へひきあげることに成功する。するとフカがあくびをしたようである。のんびりと口をあける様子なのだ。あるいは、私が口をあけてみせると、それの真似をして、彼も口をあく。その様子はいささか、かわいくさえあった。

この夢の中で男性は明らかに、彼の無意識を表わす沼の中から、アニマを表わす女の人を救い上げようと努力しています。そしてアニマを呑んでしまって、そのことを妨害する「呑みこむ太母」を表わしているフカを、このとき彼の心理的成長を助ける役をしていた分析家を表わすと思われる、もう一人の男の人といっしょに、力を合わせて懸命に努力した末に、ともかく陸へ引き上げることに成功しています。

ところがそのあとにこの夢の結末では、だれもがとうぜん持つと思われる、そこで次に起こるはずのこと——男の人がフカを殺して、女の人をその腹の中から救い出す——への期待が、奇妙と思われるしかたではぐらかされています。
男性はそのフカを殺すことをしないで、彼が助け出そうと努力していた女の人を、呑みこんでしまったままでいるそのフカに、なんと親愛の情を感じて、フカと仲直りしようとしているように思われるのです。
そのことの意味について河合は、こう的確と思われる解説をしています。(2)

それにしても、やっと陸へ引きあげたのちの結果は、いったいどういうことなのだろう。西洋人がその自我を確立してゆく過程には、母性との対決があり、内面的な母親殺しが行われる。しかしこの夢では、フカを殺して、呑みこまれた若い女性を救出するのではなく、フカがあくびをしたりして、にわかにのんびりムードに変わってゆく。(中略)母親殺しを避けての自立——自立と言えるかどうか——を試みる傾向の夢は、どうも日本人に多いように思われる。日本人の心性を反映しているものであろう。

この夢には河合の言うようにたしかに、日本人の男性が「呑みこむ太母」の力と相対して、あるところまでそれを克服しても、分析心理学の用語で「母殺し」と呼ばれるような徹底的な仕方での「母離れ」を達成することはできぬために、「太母」の内に埋没したままでいるアニマとの関係を結べぬことが、きわめてよく表現されていると思われます。

ところがオホクニヌシの場合には、彼をひたぶるに鍾愛していた母神が、その必要を察知して、自分から「母離れ」をさせたおかげで、母と対決する過程を経ずに、母から離れ無意識を表わすことが明らかな地下界に降りて行って、そこでアニマを表わすスセリビメと会い、関係を結ぶことができたことになっているわけです。

だがこの時点でオホクニヌシにはまだ、地下界で会って関係を持ったスセリビメを、決定的に自分の伴侶にするために、彼女を自分といっしょに地下界から脱出させて、地上に連れ帰るという、困難な仕事が残されていました。

そのことを果たすためには彼は、スセリビメを何がなんでも地下界に留めておこうとして、オホクニヌシの努力を、彼を殺してでも妨害しようとした、どんな怪物よりも恐ろしい、凄じい力の持主と対決せねばなりませんでした。それは言うまでもなく、スサノヲです。

スサノヲは根の堅州国で、そこで自分といっしょに暮らしていた愛娘のスセリビメに、「太母」の像を投影して、母から離れまいとする幼児のように、彼女との結びつきにしがみついていました。

そこにオホクニヌシが現れ、スセリビメとたちまち夫婦の契りを結び、彼にとってアニマであるスセリビメを、地下界から解放して自分の伴侶にしようとします。スサノヲはオホクニヌシが大切な愛娘を彼から引き離しかけるのを、妨げようとして躍起になりました。

この話でオホクニヌシにとってスサノヲは、彼が解放し自分のものにしようとしているアニマを、地下界に埋没されたままにしておこうとして、凄じい力を振るう「呑みこむ太母」の働きをしていたわけです。

オホクニヌシはけっきょく、スサノヲの妨害にもかかわらず、スセリビメを地上に連れ帰って、伴侶にすることができました。

そのためには彼はとうぜん、そのことを阻止しようとして働いた、スサノヲに体現されていた「呑みこむ太母」の猛烈な力と対決して、克服せねばならなかったわけですが、その対決の中でもオホクニヌシは、分析心理学の用語で言う「母殺し」に相当するような、徹底的な仕方での「太母」からの「母離れ」を、果したことにはなっていません。

それは彼との対決の終わりにスサノヲが、彼がそれまでオホクニヌシに対して持っていた敵意を、『古事記』に「心に愛《は》しと思ひて」と言われているように、愛しいと思う感情に変化させたためでした。それでそのあと彼は、彼の愛娘を妻にして連れ去るだけでなく、大切な自分の宝まで持ち出して、彼のもとから逃げて行くオホクニヌシに対して、最後には彼がこれから地上で果たさねばならぬことの成就を、あらかじめ保証する意味を持っていたことが明らかな、祝福の叫びを投げかけてやりました。

そのことでオホクニヌシは、愛情を持って自分を送り出してくれるスサノヲと、「母殺し」に当たるような暴力は振るわずに、アニマのスセリビメを彼から分離させながら、自分も別れることができたことになっているわけです。

ペロプスとヒッポダメイアの結婚譚との対比

このオホクニヌシの根の堅州国訪問神話の際立った特色はたとえば、有名なギリシア神話のペロプスとヒッポダメイアの結婚の話と比較してみると、はっきりすると思われます。

ペロプスはあるとき、ピサという国の王女だったヒッポダメイアに、求婚をしに行きました。彼女の父の王オイノマオスは、娘に強い執着を持ち、いつまでも結婚をさせずに、手もとに置いておこうとしていました。

戦神のアレスから駿足の馬を授かっていたオイノマオスは、娘に求婚しに来る者には、勝てば結婚させるが、負ければ首を取るという条件で、自分と馬車の競争をさせました。そして求婚者たちを次々に負かして、ペロプスが来たときまでにすでに十二人の若者を殺し、取った頭を王宮の飾りにしていました。

ところがペロプスは、少年のとき海の神のポセイドンから、同性愛の寵愛を受けたほど美男子だったので、ヒッポダメイアは一目で彼に恋をしました。そして自分に思いを寄せている父の御者のミュルティロスに、報酬に身を任せると約束して、オイノマオスの馬車の車輪を車軸に止めている釘を、蠟の釘に替えさせておきました。

それでペロプスとの競争が始まると、馬車はたちまち解体して、オイノマオスは手綱に手がからんだまま、馬に引き摺られて惨死し、ペロプスはヒッポダメイアを妻にすることができたとされています。

この話でオイノマオスはペロプスに対して、彼がヒッポダメイアと関係を結ぶのを邪魔して、娘を自分のもとに、留めておこうとしたとされています。つまりペロプスにとってのアニマだったヒッポダメイアを、自分との結びつきの内に埋没させたまま、そこから離脱させまいとしていたわけで、そのことで彼が、根の堅州国訪問神話の中でスサノヲがオホクニヌシに対してそうであったように、「呑みこむ太母」の力を表わす役をしていたことが明らかです。

ペロプスは、ヒッポダメイアに助けられながら、オイノマオスを惨死させて、ヒッポダメイアを自分の妻にすることができました。つまり彼は、「分析心理学」の用語で言う「母殺し」に当たることが明らかな、この血腥い殺害によって、アニマのヒッポダメイアを、呑みこもうとする太母の力から解放して、手に入れたとされているわけです。

これはオホクニヌシが、やはり「呑みこむ太母」の働きをしていたことが明らかなスサノヲと、「母殺し」を表わすような血みどろの対決をせずに、それどころかスサノヲから祝福まで受けながら、スセリビメを彼から引き離し、妻にして地上に連れ帰ることができたとされているのと、まったく違っています。

第一章の終わりに、対立するものの一方が他方を、完全に排除したり抹殺せぬことが、日本文化の特徴であることを説明しました。わが国では古来、相容れぬように見えるものも究極的には、たがいの価値と居場所を認め合って、共存し共生する文化が営まれてきました。

オホクニヌシの根の堅州国訪問の神話には、その日本文化の特色がとりわけ如実に表現されています。

この神話で、太母の像をスセリビメに投影してこの愛娘を離さずに、あくまで地下界に留めておこうとしたスサノヲと、自分にとってのアニマである彼女を、妻にしてぜひとも地上に連れ帰ろうとしたオホクニヌシとのあいだには、この上なく深刻な立場の相違がありました。

それはギリシア神話で、オイノマオスとヒッポダメイアに求婚した若者たちのあいだに生じたと語られている葛藤のように、たがいに相容れず、一方が他方を抹殺することで、はじめて終わりになりえると思われるほど、深刻きわまりない対立でした。

日本の神話では、オホクニヌシとスサノヲのその対立が、どちらも相手によって抹殺されることなく、スサノヲはオホクニヌシに、愛情のこもった祝福の言葉をかけ、オホクニヌシはそれをあらたかな託宣の意味を持つ命令として受け止めて実行することで、両者がたがいの価値を認め合いながら、解決されたことになっているのです。

スサノヲとこのようにして別れてオホクニヌシは、アニマのスセリビメを伴侶として得ただけでなく、「国作り」の事業に取り掛かれるために必要だったが、母と別れて根の堅州国を訪問した時点では、彼に不足していた力を身につけて、地下界から地上に帰って来ることができました。彼が地下界から持ち帰った宝は明らかに、その彼が獲得してきた力の源泉としての意味を持っていました。

根の堅州国にやって来た時点でオホクニヌシは、女神が一目で彼に夢中にならずにいられなくなる、絶大な性的魅力を持ち、母の女神にも熱愛されていました。

また因幡の兎の話から明らかなように、医療の領域でも、奇蹟的な力を持っていました。八十神たちがヤカミヒメに求婚に行くのに、従者として連れて行かれる途中、八十神たちに遅れて一人、気多の岬に着いたところ、赤裸の兎がそこの海岸に倒れ、痛みに苦しんで泣いているのを見て、オホクニヌシは、親切にわけを尋ねてやりました。

兎は隠岐の島から渡ってこようとして、海に住むワニたちを海面に並ばせ、その上を踏んで来ましたが、最後に騙されて兎に利用されていたことに気付いて激怒したワニたちに捕えられて毛皮を剥ぎ取られてしまったのでした。

困って泣いていると、通りかかった八十神に「海水を浴びて、風に当たれ」と教えられ、その通りにすると、傷が治るどころか体中が、惨憺たる有様になっていたのです。

それを聞くとオオクニヌシは、兎に、河口に行って真水で体を洗い、岸に生えている蒲の穂を取ってきて敷き、その上を転がれば、肌が治ってもとのようになると教えてやりました。それで言われた通りにすると、兎の体はすっかり元通りになったと言われています。

だが根の堅州国を訪問するまでオオクニヌシは、彼がもともと持っていた二つの力――女神たちを魅了する力と医療の能力を、「国作り」のために利用することができずにいました。それは言うまでもなく、八十神たちが彼に対して振るう、理不尽な暴力によって、そうすることを妨げられていたためです。そして八十神と戦って彼らの妨害を排除するために必要だった戦闘力は、オオクニヌシにはまったく欠けていました。

必要だった力を得させた、「母殺し」せずにした「母離れ」

根の堅州国から持ち帰った大刀と弓矢を使うことでオオクニヌシは、以前の彼に不足していた戦闘能力を、十二分に発揮しました。そして八十神をまたたくまに征伐して、彼が「国作り」をする領域から、彼らの存在を一掃することができたとされています。

琴は「天の詔琴《のりごと》」と呼ばれていることからも明らかなように、神を呼び寄せ、託宣を受けるために演奏された楽器でした。オホクニヌシがスサノヲのもとから持ち出した琴も、まさしく「詔琴」としての役目を果したことになっています。なぜならオホクニヌシが逃げて行く途中で、琴は樹に触れて大音響を発し、その音で、目覚めたスサノヲが、地下界と地上の境のヨモツヒラサカに現われてそこからオホクニヌシにむかい、託宣の意味を持つ言葉を、大声で告げることになったからです。

食糧と富を豊かに生じさせる国を作るのが本領だった、オホクニヌシの働きのためには、あらゆる生産の源となる性の力と共に、人間と家畜を旺盛にして多産にするためには、医術の力が肝心でした。それでこれらの分野ではオホクニヌシは、豊穣神の要件たる絶大な能力を、生まれつき持っていました。

しかし託宣の具の琴が現わす宗教性と、大刀と弓矢に象徴される戦闘能力とは、豊穣機能の管轄外にあるので、オホクニヌシにとって本来的には、不得意な分野でした。豊穣神としては無比の力を持っていたオホクニヌシですが、八十神たちの執拗な迫害に邪魔されて、その能力を「国作り」のために、行使することができなかったのです。だから「国作り」を始めるためには邪魔になる八十神たちを前もって、自分がこれから活動する範囲の外に、駆逐してしまわねばなりませんでした。そのためには、少なくとも一時的にせよ、自分の管掌に本来は属していなかった機能から、強力な助けを借りてくる必要があったのです。

スサノヲのもとから彼が持ち出した品は、オホクニヌシがその時点で必要とした助けを受けるために、それぞれ肝心な働きをしました。それらの品をオホクニヌシが持って行くことを許した上に、最後にはあらたかな託宣の意味を持った、祝福の叫びをかけて彼を自分から別れさせたことで、スサノヲは、オホクニヌシがこれから地上で遂行する活動のために、きわめて強力な後楯の役を果たしたことが明らかです。

オホクニヌシを自分から離れ、根の堅州国に赴かせるにあたって、「須佐能男命の坐します根の堅州国に参向ふべし。必ずその大神、議りたまひなむ」と言い聞かせた母サシクニワカヒメの言葉は、紆余曲折を経た末に、まさにその通りに、実現したことになったと思われます。

オホクニヌシの神話には、この神が分析心理学の用語で言われる「母殺し」に当たると思われる（神話に語られる英雄による怪物退治を思わせるようなやり方での）「母離れ」はせずに、地下界に埋没していたアニマのスセリビメと関係を結んで地上に連れ帰り、自身も偉大な神に成長して、豊穣神としての重大な使命である「国作り」の事業をやり遂げられたことが物語られています。

この神話にはまた、オホクニヌシにそのような成長を達成させるために、彼の母神が果たした役割がきわめて大きかったことが、印象的に物語られています。

根の堅州国を訪問する前に、オホクニヌシは八十神たちに惨殺されては、そのたびに母神の尽力のおかげで生き返ることを、二度にわたってくり返しています。そのあいだオホクニヌシ自身は、変化した様子は見られません。

彼は二度とも、何の抵抗もできずに、八十神たちに殺されています。だがサシクニワカヒメがこの二度の事件のそれぞれで、息子を救うためにしたと語られていることのあいだには、明らかにはっきりした違いがあります。

息子が最初に惨死したときには、彼女は泣きながら天に昇って行き、天神のカムムスヒにそのことを訴えて助けを求めました。それでオホクニヌシは、カムムスヒが派遣してくれた二柱の貝の女神たちの治療のおかげで、もと通りの美男子に戻って生き返ることができました。

二度目に息子が惨殺されたときには、彼女は泣きながら彼を探し、木に封じこまれて圧死しているのを見つけると、『古事記』に「すなはちその木を折りて取り出で活《い》かして」と言われているように、だれの助けも受けずに木を裂き中から無残に潰れていたと思われる息子の死体を取り出して、自分で彼を生き返らせたと言われています。

この違いから二つの事件のあいだに、息子を助ける母神としてのサシクニワカヒメの力が、格段に強化されていたことがはっきりとわかります。

それで彼女は息子を二度目に生き返らせたあとで、それまで溺愛し庇護してきた愛息子を、成長のために自分のもとを去らせ、根の堅州国に行かせるという、彼女にとって身を切られるより辛いものだった決断をして、ためらわずに実行することができたのだと思われます。

そして彼女は、根の堅州国に行けばオホクニヌシが、そこに住むスサノヲから苛酷な虐待を受けても、最後にはこの「大神」の強力な後楯を得て、アニマのスセリビメを妻にし、彼に必要だった力の助けも確保して、地上に帰って来ることを見通していたのだと思われます。

オホクニヌシの神話にはこのように、分析心理学の用語で言う「母殺し」を遂げることのできぬ日本人の男性が、それにもかかわらずギリシア神話のアドニスがまさにそうであるような、「永遠の少年」であり続けるのではなく、「母殺し」とは別のやり方でアニマとの関係を結び、大きな成長を果たせる可能性があることが示唆されていると思われます。

日本人の男性に必要なのは、オホクニヌシがサシクニワカヒメのおかげでできたことを物語られているように、母の力に助けられることで、「母殺し」をせずに「母離れ」を果たすことだと思われるわけです。

対立するものを排除も抹殺もしない日本の文化

わが国では母が子を育てるあいだに、必要な力を持つようになることで、その母の力に助けられて、分析心理学の用語で言う「母殺し」はせずに、男性が「母離れ」をして、大人への成長を果たすことが行われてきたと思われるのです。

「母殺し」を遂げて、自我を確立している人々の目から見れば、このようにして果たされてきた日本人の大人への成長は、中途半端で、完全な大人になりきれていないように、見えるところがあるのだと思われます。

「母殺し」をして自我を確立している人々は、価値を判断するためのはっきりした規準を持っていて、それに外れるものは容赦なく、排除し抹殺しようとします。それと違ってわが国では、対立するものの一方が、完全に排除されたり抹殺はされずに、それぞれの価値が認められて、両方の存在が許容されることになります。

それでこれを外から見ると、日本人は何が善で何が悪かという判断も一定しておらず、相手の出方に応じて、その時々で変化させるので、信用ができない、無責任だという批判を受けることになるわけです。

だがその反面で価値の判断について不動の規準を確立している人々のあいだでは、規範に合わぬものは無価値と判定されて、存在すら認められぬことになるので、考えの違う者同士のあいだで、たがいの存亡をかけた死闘がくり返されることになります。

前に見たペロプスとヒッポダメイアの結婚のあとに、ギリシア神話には、次のような凄惨きわまりない事件が、次々に起こったことが物語られています。

この結婚にあたって、求婚に来た美男子のペロプスに恋をしたヒッポダメイアが、父のオイノマオスが娘への求婚者たちに課していた、命を懸けた彼との馬車の競争に、ペロプスを勝たせようとして、オイノマオスの御者のミュルティロスに、報酬に自分の体を与えると約束して、競争がはじまるとオイノマオスの馬車が毀れて、彼が惨死するように細工をさせておいたことは、前にお話しました。

そのあとペロプスとヒッポダメイアが、ミュルティロスを連れて旅をしていたあいだ、ペロプスが妻の喉の渇きを癒すために泉に水を汲みに行ったすきに、ミュルティロスは約束の履行を迫って、ヒッポダメイアを犯そうとしました。

そこに帰って来たペロプスは、憤慨して、ミュルティロスを海に投げこんで殺してしまいます。ミュルティロスは死ぬまぎわに、ペロプスの子孫にひどい禍いが絶えぬようにと呪いをかけました。それで彼とヒッポダメイアの結婚から生じた一族には、骨肉同士が血で血を洗う不祥事が続くことになったのです。

ペロプスとヒッポダメイアの息子、アトレウスとテュエステスは、どちらがミュケネの王になるか、ということで激しく争った末に、けっきょくアトレウスの方が選ばれて王位に即きました。

この抗争のあいだに、アトレウスの妻のアエロペは夫を裏切って、テュエステスと情を通じ、彼を王にしようと画策していました。そのことを知ったアトレウスは激怒して、テュエステスと仲直りをするふりをして彼を宴会に招待しました。そしてテュエステスのまだ幼かった三人の息子たちをこっそり捕えて殺し、その肉を料理して父親に食べさせた上で、料理せずに残しておいた、子どもたちの頭と手を見せて、彼に何を食べたのか分からせた上で国外に追放しました。

テュエステスは、どうすれば復讐できるかを神託に尋ね、実の娘のペロピアを犯せば、その父子姦から、アトレウスに対して仇を報いてくれる息子が生まれると教えられました。

彼は暗闇の中で自分がだれか知らせずに、娘のペロピアと交合して、妊娠させましたが、ペロピアは凌辱されていたあいだに、父が持っていた剣を奪い取っておきました。

そのあとペロピアは妊娠したままアトレウスと結婚したので、彼女と父の子である息子のアイギストスは、アトレウスによって自分の子として育てられました。

アイギストスが成長するとアトレウスは彼に、テュエステスを捕えて、殺すように命令しました。アイギストスは母のペロピアが、自分を犯した男から奪った剣を、母から貰って持っていました。

テュエステスは、見覚えのある剣を、アイギストスが自分に向かって振り上げるのを見て、どうやってそれを手に入れたかを尋ね、母から与えられたと聞かされると、その母をそこに来させるように求めました。

ペロピアが来ると、アイギストスが自分と彼女の父子姦から生まれた子であることを打ち開けました。ペロピアは恥じて、息子から剣を取り上げ、それで自分の胸を突いて自害しました。アイギストスは、母の遺体から剣を引き抜き、まだ血に塗れている剣を持って、アトレウスのもとへ行きました。そしてテュエステスを亡き者にしたと思いこんで、犠牲を捧げてそのことを祝っていたアトレウスを刺し殺して、彼に代えてテュエステスをミュケネの王にしました。

トロヤ戦争のときには、アトレウスの息子のアガメムノンが、ミュケネの王になっていました。彼がギリシア軍の総大将としてトロヤに遠征していたあいだに、アイギストスは彼の妃のクリュタイムネストラを誘惑してその愛人になっていました。

トロヤを亡ぼして凱旋して来たアガメムノンを、アイギストスとクリュタイムネストラは共謀して騙し討ちし惨殺しました。しかしクリュタイムネストラが産んだアガメムノンの遺児で、父が殺されたときにはまだ幼かったオレステスが成長すると父の敵討ちをし、アイギストスを殺した上に、実母のクリュタイムネストラまで、自分の手にかけて殺しました。

英雄神話の時期に相当すると思われる、青銅器時代の盛期がミュケネ時代と呼ばれていることからも分かるように、ミュケネは当時のギリシアで、「首府」と呼んでもよいと思われる中心的な位置を占めていた都でした。

ギリシア神話ではそのミュケネを舞台にして、ペロプスがオイノマオスを惨死させてヒッポダメイアを妻にした出来事の余波として、血腥いと言うほかない事件が、相次いで起こったことになっているのです。

日本神話ではオホクニヌシはこれと対照的に、愛娘のスセリビメに猛烈な執着を持っていた義父スサノヲと、殺し合いなどはせずにスセリビメを妻にして地上に連れ帰ったことになっています。そしてスサノヲのもとから持ってきた武器の力で八十神たちをまたたくまに一掃したあとには、次章に見るようなまったく平和的なやり方で、「国作り」の大業を成し遂げたことになっています。

オホクニヌシの「国作り」の話と、ギリシアで英雄神話の中核として語られている、凄惨な殺し合いの連続する話のあいだには、雲泥の差と言うほかないような、対蹠的な違いがあります。

(1) 河合隼雄『無意識の構造』、中公新書、一九七七年、七八頁。

(2) 同書、七九頁。

オホクニヌシの「国作り」

スクナビコナが協力した「国作り」

八十神たちを一掃したあとにオオクニヌシは、天上からとつぜん彼のもとにやって来た、スクナビコナという奇妙な小人の神と兄弟になりました。そして「国作り」のために、あらゆることでそのスクナビコナと、堅密きわまりない協力をしたことになっています。

あるときオホクニヌシが出雲の美保の岬の海岸にいると、そこにガガイモというつる草の実の夾（一〇センチほどの長さ）を舟にし、鳥（『古事記』ではカリ、『日本書紀』ではミソサザイ）からすっぽりと剝ぎ取った羽の着いた皮を、そのまま服にした、不思議な小人の神が、波に運ばれてやって来ました。

この珍妙な神は、名前を尋ねても答えず、オホクニヌシのお供をしていた神たちの中にも、知っている者がだれもいませんでした。ただヒキガエルのタニグクが、「案山子《かかし》のクエビコがきっと知っているでしょう」と言ったので、クエビコを呼んで聞いてみると、天上のカムムスヒの子で、スクナビコナという名前だということが分かりました。

さっそく天にそのことを報告すると、カムムスヒは、「たしかに自分の息子で、自分の手の指のあいだからこぼれて、下界に落ちたのだ」と言い、「これからはアシハラシコラ（オホクニヌシの別名）と兄弟になって、いっしょに国作りをするように」と、スクナビコナに命令しました。それでオホクニヌシとスクナビコナはこのときから兄弟になって、協力しながら「国作り」をすることになったのだというのです。

『日本書紀』にはスクナビコナが海岸にいるオホクニヌシのところにやって来たとき、あまりちっぽけなので、はじめは海の上から声が聞こえたので探してみても、姿がまったく見えなかったと言われています。しばらくしてガガイモの実の莢を舟に、ミソサザイの羽を衣服にして、波に運ばれて来るのが見えたので、オホクニヌシが拾い上げて自分の掌《てのひら》の上に置いて玩弄すると、そこから飛び跳ねて彼の頬に噛《か》みついたと物語られています。二柱の神が「国作り」のために、堅密な協力をした有様は、『日本書紀』にはこう記されています。

夫《か》の大己貴命、少彦名命と力を戮《あは》せ心を一《ひとつ》にして、天下《あめのした》を経営《つく》る。復《また》顕見蒼生《うつしきあをひとくさ》と畜産《けもの》との為には、其の病を療むる方《みち》を定む。又、鳥獣・昆虫《はふむし》の災異《わざはひ》を攘《はら》はむが為は、其の禁厭《まじなひ》の法《のり》を定む。是を以て、百姓《おほみたから》、今に至るまでに、咸《ことごとく》に恩頼《みたまのふゆ》を蒙《かがふ》れり。

『出雲国風土記』と『播磨国風土記』ではオホクニヌシとスクナビコナは、「国作り」のあいだに、稲種と稲作を広めてまわったとされ、そのあいだに起こった出来事が、諸処の地名を説明する話として物語られています。

たとえば『出雲国風土記』には、飯石《いひし》の郡の多称《たね》の郷がこのように呼ばれるようになったわけが、こう説明されています。

天の下造りましし大神大穴持《おほあなもち》の命と須久奈比古《すくなひこ》の命と、天の下を巡り行きましし時に、稲種此処に堕ちき。故れ、種と云ふ。神亀三年、字を多称と改む。

また『播磨国風土記』には、揖保《いひほ》の郡にある稲種山の名の由来が、このように物語られています。

大汝《おほなむち》の命と少日子根《すくなひこね》の命二柱の神、神前《かむさき》の郡堲岡《はにをか》の里生野《いくの》の岑《みね》に在して、この山を望見《みそな》はして云《の》りたまひしく、「彼《そ》の山は、稲種を置くべし」と云《の》りたまひき。すなはち稲種を遣《や》りて、この山に積みき。山の形も亦稲積《いなづみ》に似たり。故れ、号《なづ》けて稲種山と曰ふ。

これらの地名起源神話から、出雲と播磨の二国の風土記ではオホクニヌシとスクナビコナが「国作り」のために遂行したもっとも主要な事業が、稲作を各地に広めたことだったとされていることが、明らかだと思われます。

「国作り」のために豊穣神としてのオホクニヌシがもともと持っていた重要な能力の一つが、「因幡の兎の話」にはっきりと語られている、医療の神としての働きであることは、前章でも見た通りです。

右に掲げた『日本書紀』の記述「復顕見蒼生と畜産との為には、其の病を療むる方を定む」にも、人間と家畜のために病気を癒す方法を定めたことが、「国作り」における、両神の肝心な事績だったことが、強調されています。医術の面における両神の重要な事績には、薬による治療の方法を教えたことと共に、温泉を開いて、湯治を可能にしたことがあります。

『伊豆国風土記』にはそのことが、このように述べられていたと伝えられています。

> 玄古《いにしへ》、天孫未だ降り給はざりしとき、大己貴と少彦名と、我が秋津洲《あきつしま》の民の夭折することを憫れみ、始めて禁薬《くすり》と温泉《ゆあみ》の術とを制《さだ》めき。伊津《いづ》の神の湯も又その数にして、箱根の元湯もこれなり。

また『播磨国風土記』には、オホナムチ（＝オホクニヌシ）とスクナヒコネ（＝スクナビコナ）があるとき、こんな珍妙な我慢比べをしたことが物語られています。

両神は、重い粘土の荷物を担いで遠くまで行くのと、大便をせずに行くのと、どちらが容易にできるか、ということで、言い争いをしました。

オホナムチの命は、「自分は大便をせずに行くことにしよう」と言い、スクナヒコネの命の方は、「それでは自分は粘土の荷物を担いで行こう」と言って、両神の我慢比べが始まりました。

何日か経ったところでオホナムチが、「自分はもう、これ以上は我慢ができない」と言って、急いでその場にしゃがんで大便をしました。そうするとスクナヒコネの命が笑い出して、「自分だって苦しいよ」と言って、担いでいた粘土を、そこにあった岡に投げつけました。それでこの岡は聖《はに》(=粘土)岡と呼ばれることになりました。

またオホナムチが大便をしたときに、そこに生えていた細い小竹にはじき上げられて、大便が衣にかかりました。それでこの村は、波自加《はじか》の村と呼ばれるようになったのです。スクナヒコネが投げた粘土と、オホナムチがした大便は石になって、今でも残っています。

この愉快な我慢比べの話からは、両神の仲の睦まじさが、本当によく窺われると思われます。

スクナビコナとの別れと大物主との出会い

ところがこのように親密きわまりない兄弟の関係を結んでいたスクナビコナは、協力してきた「国作り」が完成するより前のあるとき、来たときと同じようにまたとつぜん、オホクニヌシのもとからいなくなってしまいました。そして常世の国という海の彼方にある別世界に、飛んで行ったのだとされ、『古事記』にはそのことは、「然《さ》て後は、その少名毘古那の神、常世国に渡りましき」とだけ、簡潔に記されています。

『日本書紀』にはこのスクナビコナの不意の失跡のことは、「淡嶋に至りて粟茎に縁《のぼ》りしかば、弾かれ渡りまして常世郷に至りましき」と説明されています。また『伯耆国風土記』には、相《あふ》見《み》の郡にあった粟嶋の名の起源が、こう物語られていました。

> 少日子《すくなひこ》の命、粟を蒔きたまひしとき、莠《ほ》の実《み》離離《さはにお》ひき。即ち粟に載り弾かえ常世の国に渡りたまひき。故《かれ》、粟嶋と云ふ。

この『日本書紀』と『風土記』の記述から、スクナビコナは、今の鳥取県米子市の粟島にあたる場所に粟の種を蒔き、穂がよく実ったところで粟の茎によじ上ったところ、弾き飛ばされて、海を越えて常世の国へ飛んで行ってしまったのだと、されていたことが分かります。

このあとオホクニヌシは『古事記』によれば、すっかり落胆して海岸で、「どうやって私一人だけで、この国をうまく作り上げることができるだろうか。どの神が私といっしょに、この国をうまく作り上げてくれるだろうか」と言って嘆きました。そうすると一人の神が、不思議な光で海を照らしながらやって来て彼に、「私をよく祭れば、私があなたといっしょに国を作って完成させよう。もしそうしなければ、国が完成するのは困難だろう」と、言いました。

オホクニヌシはその神に、「それではあなたを、どのようにお祭りすればよいのでしょうか」と尋ねました。

その神は、「私を大和の国を青々とした垣根のように取り巻いている山々の中の東の山の上に祭りなさい」と答えたので、オホクニヌシは言われた通りに祭り、それが御諸山の上に鎮座する神なのだというのです。

そのことは『古事記』に、こう物語られています。


ここに大国主神、愁ひて告りたまひしく、「吾独《ひとり》して何《いか》にかよくこの国を得《え》作らむ。孰《いづ》れの神と吾と、能《よ》くこの国を相作らむや」とのりたまひき。この時に海を光《てら》して依り来る神ありき。その神の言《の》りたまひしく、「よく我が前を治《をさ》めば、吾能く共与《とも》に相作り成さむ。若し然らずは国成り難けむ」とのりたまひき。ここに大国主神曰《まを》ししく、「然らば治《をさ》め奉る状《さま》は奈何《いか》にぞ」とまをしたまへば、「吾をば倭《やまと》の青垣の東の山の上に拝《いつ》き奉れ」と答へ告りたまひき。こは御諸山の上に坐《ま》す神なり。

御諸山というのは、奈良県桜井市の三輪山で、この神はその三輪山を御神体とする大神神社の祭神の大物主（オホモノヌシ）の神です。

スクナビコナに去られたあと、オホクニヌシは、彼が三輪山に祭ったこの大物主の神に助けられて、「国作り」を完成させることができたことになっているわけです。

このオホクニヌシと大物主の神の出会いのことは、『日本書紀』には次のように物語られています。

スクナビコナに去られたあとオホクニヌシは、国の中のまだ未完成だったところを、一人で作り上げてまわり、しまいにまた出雲の国に戻って来たところで、こう宣言しました。

「この葦原中国はもとは荒れた国で、岩や草木まで強暴だったが、私がすべてを慴伏させたので、従順でないものはなくなった」。それからまた、こう言いました。「この国を作ったのは、私が一人でしたことだ。私といっしょに天下を治めるべき者が、だれかいるだろうか」。

するとそのとき、神々しい光が海を照らして、その中から神が浮かび上がって来てこう言いました。「私がいなかったら、あなたはどうやってこの国を平和にすることができただろうか。私がいたからこそあなたは、その大きな功績を立てることができたのだ」。

オホクニヌシが、「そう言われるあなたは、いったい誰なのですか」と尋ねると、その神は「私はあなたの幸魂《さきみたま》・奇魂《くしみたま》だ」と答えました。

オホクニヌシはそれで、「たしかに、おっしゃる通りです。あなたが私の幸魂・奇魂であることは、今はじめてよく分かりました」と言って、「どこにこれから住まわれたいですか」と尋ねました。

するとその神は、「日本国《やまとの》の三諸山に住みたいと思う」と答えたので、オホクニヌシは、その神の宮を三諸山に造営して、そこに住まわせました。これが大三輪の神なのだというのです。

そのことは、こう記されています。

自後《これよりのち》、国の中に未だ成らざる所をば、大己貴神、独能《ひとりよ》く巡り造る。遂に出雲国に到りて、乃ち興言《ことあげ》して曰はく、「夫れ葦原中国は、本より荒芒《あら》びたり。磐石《いは》草木に至及《いた》るまでに咸《ことごと》に能《よ》く強暴《あしか》る。然れども吾已《すで》に摧《くだ》き伏せて、和順《まつろ》はずといふこと莫《な》し」とのたまふ。遂に因りて言《のたま》はく、「今此の国を理《おさ》むるは、唯《ただ》し吾一身《ひとり》のみなり。其れ吾と共に天下を理むべき者、蓋《けだ》し有りや」とのたまふ。時に、神《あや》しき光海を照らして、忽然《たちまち》に浮び来る者有り。曰はく、「如《も》し吾在らずは、汝何《いか》ぞ能く此の国を平《む》けましや。吾が在るに由りての故に、汝其の大きに造る績《いたはり》を建つこと得たり」といふ。是の時に、大己貴神問ひて曰はく、「然らば汝は是誰ぞ」とのたまふ。対《こた》へて曰はく、「吾は是汝が幸魂奇魂なり」といふ。大己貴神の曰はく、「唯然《しか》なり。廼《すなは》ち知りぬ、汝は是吾が幸魂奇魂なり。今何処にか住まむと欲ふ」とのたまふ。対へて曰はく、「吾は日本国の三諸山に住まむと欲ふ」といふ。故《かれ》、即ち宮を彼処に営《つく》りて、就《ゆ》きて居《ま》しまさしむ。此、大三輪の神なり。

この『日本書紀』の記事によれば、スクナビコナに去られたあと、オホクニヌシは、国の中のまだ未完成だったところを、一人でまわって完成させました。それで「国作り」を仕上げたのは、彼が独力でしたことで、でき上がった国を支配しているのも、自分が一人でしていることだと、思いこんでいました。

だがじつは彼は、ここでは幸福をもたらし奇蹟をする自身の体外魂にほかならなかったことになっている大三輪の神、つまり大物主から、そのための目に見えぬ助けを受け続けていたので、そのことをこのようにしてその神に教えられて、はじめて覚ったことになっているわけです。

スクナビコナと大物主の違い

オホクニヌシは「国作り」を進めるため、まずスクナビコナに助けられ、その後大物主の助けをえて、それを完成したことになっています。二柱の神はどちらも、オホクニヌシが海岸にいたときに、彼の前にとつぜん海から出現したことになっていますが、それぞれの神のあり方と、オホクニヌシを助けたやり方には明らかに、対照的ともいえる違いがあります。

スクナビコナは、国中をまわって歩くオホクニヌシの側に、いつも離れずにいて、仲良くいっしょにさまざまな事件を起こしながら、あらゆることで彼の作業に堅密な協力をしました。

大物主は、『古事記』によれば三輪山に祭られたあと、そこから不動のままで、発揮されるあらたかな神威によって、オホクニヌシの「国作り」の完成を助けました。

『日本書紀』ではこの神のオホクニヌシへの助けは、三輪山に祭られるよりも前に始まっていたことになっています。しかしこの場合も、いつも見える姿で側にいて、いっしょにありとあらゆることをしたスクナビコナとは、まったく違っていました。

オホクニヌシがスクナビコナといっしょに「国作り」をしたあいだに、両神の身に降りかかったことの中には、明らかに椿事と呼ぶほかないような、出来事もありました。たとえば『伊予国風土記』には、道後温泉の起源が、次のように説明されています。

大穴持命、見て悔い恥ぢて、宿奈《すくな》毗古那《ひこな》命を活かさまく欲《おもほ》して、大分の速見《はやみ》の湯を、下《した》樋《ひ》より持ち度り来て、宿奈毗古奈命を漬《ひた》し浴《あむ》ししかば、暫《しまし》が間《ほど》に活起《いきかへ》りまして、居然《おだひ》しく詠《ながめごと》して、「真暫《ましまし》、寝ねつるかも」と曰《の》りたまひて、践《ふ》み健びし跡処《あとどこ》、今も湯の中の石の上にあり。

この話によればオホクニヌシはあるとき、どうやってかは分かりませんが、スクナビコナをうっかり失神させてしまいました。それで自分のしたことを悔い、恥ずかしく思って、スクナビコナを蘇生させるために、大分の速見（＝別府温泉）の湯を、地下の水路を通し引いてきて、その湯にスクナビコナを漬けて浴みをさせました。

するとスクナビコナは、たちまち蘇生して、何事も無かったように、「しばらくのあいだ、寝ていたことだ」と、歌声をあげるようにして言いました。このとき蘇ったスクナビコナが、雄叫びをあげて踏みつけた跡は、今でも温泉の湯の中の石の上に残っているというのです。

スクナビコナに去られたあと、「国作り」の完成のために大物主の助けを受けていてもオホクニヌシは、この神と自分のあいだに起こる出来事の所為で、一喜一憂するようなことはまったくありませんでした。なぜならスクナビコナとは違ってこの神は、自分の姿を顕わすことはせずに、目に見えぬ仕方でオホクニヌシを助けていたからです。

オホクニヌシはそのため、「国作り」のあいだ、この神が自分のためにしてくれていることに、まったく気がつかずにいました。

「国作り」が仕上がったところではじめて姿を現わしたこの神から、そのことを教えられると彼はすぐに、自分の「幸魂・奇魂」にほかならぬ、この神のあらたかな助けがあったからこそ、自分に「国作り」を完成することができたので、もしこの神に助けられていなければ、その大業をけっして達成できなかったのだということを、はっきりと覚りました。

大物主の助けで「国作り」が完成したわけ

スクナビコナと密接に協力して進行させてきた「国作り」をオホクニヌシが、最後に、（スクナビコナと多くの点で正反対のような性質を持つと思われる）大物主に助けられて完成したとされていることには、いったいどのような意味があるのでしょうか。

そのことについては古川のり子によって、卓抜と思われる説明がされています[1]。大物主は「モノの偉大な主」という意味ですが、モノという言葉にはもともと、大野晋が「モノとは個人の力では変えることのできない『不可変性』を核とする」と言っているような[2]、基本の意味があります。一般にその方が基本であるように考えられている、単なる物体を指す使われ方は、じつはその根本の意味から派生したので、そのことを大野は、「それは物体も不可変な存在であるところからモノと呼ばれるようになったと考えられる」と説明しています[3]。

つまり不変不動で恒常的な定め、原理、秩序を指すのが、モノという語の本来的な意味で、たとえば「世の中は　空しきものと知る時し　いよよますます　悲しかりけり」という有名な『万葉集』第七九三番歌の中で「もの」は、世の中は空しいということが、変えることのできぬ定めであることを言うために、使われています。

大物主の本領は、その呼び名から明らかなように、まさにそのような意味のモノ、つまり定め、原理、秩序を確立し維持することでした。それだからこの神を、国の中心の三輪山に不動の信仰の対象として祭り据えることでオホクニヌシは、それまで彼がスクナビコナといっしょにしてきた活動の結果のすべてを、恒常不変の秩序として確立しました。そしてそのことで「国作り」になお不足していた、最後の仕上げを施すことができたのだと思われるわけです。『日本書紀』には、スクナビコナがオホクニヌシのもとを去る前に、二柱の神のあいだで、意味がすこぶる深遠と思われる問答が交わされたことが、こう物語られています。

嘗《むかし》、大己貴命、少彦名命に謂《かた》りて曰はく、「吾等が所造《つくれ》る国、豈《あに》善く成せりと謂はむや」とのたまふ。少彦名命対《こた》へて曰はく、「或《ある》は成せる所も有り。或は成らざるところも有り」とのたまふ。是の談《ものがたりごと》、蓋《けだ》し幽深《ふか》き致《むね》有らし。

これによればスクナビコナは、彼がオホクニヌシといっしょに進めてきた「国作り」に、まだ未完成なところがあることを、よく知っていたとされているわけですが、それだけでなく彼は、それをオホクニヌシといっしょに完成することが、自分にできることではないことも、よく承知していたのではないでしょうか。

それでスクナビコナは未完成な「国作り」を、オホクニヌシを助けて仕上げる仕事は、それを使命とする大物主に任せて、自分は常世の国に去ったので、『日本書紀』に「是の談、幽深き致有らし」と言われているのは、そのことを意味しているのではないかと思われます。

ヤカミヒメとヌナカハヒメとの結婚

ところで『古事記』にはオホクニヌシが、根の堅州国から地上に帰って来て、八十神たちを掃討したあとに、スクナビコナといっしょに「国作り」をするよりも前に、多くの女神たちと結婚したことが語られています。

最初に彼は、根の堅州国に赴くより前に取り交わしていた約束を履行して、ヤカミヒメを妻に娶り、いったんは自身の住居に連れて来て住まわせました。だがヤカミヒメはけっきょく、正妻のスセリビメの存在を恐れて、自分が産んだオホクニヌシの子の神を、木の股のあいだに挟んで残し、自分の住処だった因幡の国に、帰って行ってしまいました。そのことは、こう物語られています。

故《かれ》、その八上比売は、先の期《ちぎり》の如くみとあたはしつ。故、その八上比売をば率て来ましつれども、その嫡妻《むかひめ》須世理毘売を畏《かしこ》みて、その生める子をば、木の俣《また》に刺し挟みて返りき。

しかしこの正妻の存在は、オホクニヌシがその後も国中で、多くの女神たちと婚姻を結ぶための妨げにはなりませんでした。ヤカミヒメとの結婚とその破局のあとに『古事記』には、彼が「ヤチホコの神」という渾名を名乗りながら諸処を旅して、行く先々で土地の女神を妻にすることをくり返したことが、彼と女神たちとのあいだに取り交わされた四編の長歌を中心とする、歌物語として語られています。

最初には彼がヌナカハヒメという女神と結婚するために、彼女の住む遠い越の国まではるばる旅をして行って、この女神の住む家の戸口で、次のような歌を詠んだことが記されています。

八千矛の　神の命《みこと》は
八島国《やしまくに》　妻《ま》枕きかねて
遠遠《とほとほ》し　高志《こし》の国に
賢《さか》し女《め》を　有りと聞かして
麗《くは》し女を　有りと聞こして
さ婚《よば》ひに　あり立たし
婚《よば》ひに　あり通《かよ》はせ
大刀《たち》が緒《を》も　いまだ解《と》かずて

襲《おすひ》をも　いまだ解かねば
嬢子《をとめ》の　寝《な》すや板戸を
押そぶらひ　我が立たせれば
引こづらひ　我が立たせれば
青山に　鵼《ぬえ》は鳴きぬ
さ野つ鳥　雉《きざし》はとよむ
庭つ鳥　鶏《かけ》は鳴く
心痛《うれた》くも　鳴くなる鳥か
この鳥も　打ち止めこせね
いしたふや　海人《あま》馳使《はせづかひ》
事の　語言《かたりごと》も　是《こ》をば

すると、ヌナカハヒメはこの歌を聞いてもまだ戸は開かずに、家の中からこう詠み返しました。

八千矛の　神の命

ぬえ草の　女《め》にしあれば
我が心　浦渚《うらす》の鳥ぞ
今こそは　我鳥《わどり》にあらめ
後は　汝鳥《なとり》にあらむを
命《いのち》は　な殺せたまひそ
いしたふや　海人馳使
事の　語言も　是をば
青山に　日が隠らば
ぬばたまの　夜は出でなむ
朝日の　笑み栄え来て
拷綱《たくづな》の　白き腕《ただむき》
沫雪の　若やる胸を
そだたき　たたきまながり
真《ま》玉手《たまで》　玉手《たまで》さし枕《ま》き
股長《ももなが》に　寝《い》は寝《む》さむ
あやに　な恋ひ聞こし

八千矛の　神の命
事の　語言も　是をば

この歌の内容から、ヤチホコの神であるオオクニヌシが、このヌナカハヒメとの結婚のために、それまで彼が経験したことがなかったと思われる求愛のための骨折りをせねばならなかったことが知られます。オオクニヌシは、求愛などしなくても女神の方から進んで彼と媾合せずにいられなくなる、絶大な魅力の持主ですが、その彼が国中を探し求めてもほかに見つからぬほど、才色兼備であるという評判を聞き伝えて求婚に来たヌナカハヒメの家では、大刀の下げ緒も解かず外衣も脱がぬままで、彼女の寝所の閉まっている戸を、押したり引いたりしながら、一晩中熱心な求愛を続けたというのです。

するとそのうちに、山ではトラツグミが、野原ではキジが、家の庭では雄鶏が鳴いて、彼に夜が明けようとしており、その夜の求愛は失敗に終わりかけていることを、思い知らせました。それで彼はいらだって、自分について来ている従者たちに、こんないまいましい鳴き声をあげる鳥たちは、打ち殺して鳴くのを止めさせろと言って、うっぷんを晴らしたというのです。

ヌナカハヒメは、ヤチホコの神が鳥たちにいらだって従者たちに「この鳥も　打ち止めこせね」と言ったのを受けて、自分の心を浅瀬の砂の上にいて、海水が寄せてくれば飛び立たねばならぬので、すぐに移ろう鳥になぞらえました。そしてなよなよとした草のような女であるその私の心は、今でこそ我意を通している我がままな鳥ですが、後にはあなたの御心に従う素直な鳥になるので、どうかその鳥をはやまって、お供の方たちに殺させるようなことはなさらないでくださいと訴えました。

そして、やがて日が山の向こうに没し暗い夜になったら、「顔中に笑みをたたえて、どうかまたおいでください」と言い、「そのときは私の真白な腕と若々しく柔らかな胸を、そっと叩いて愛おしみながら、私と玉のような手をさしかわして枕にし、足を長く伸ばしておやすみになるでしょう」と言って、翌晩にはヤチホコの神の愛撫に、存分に身を委ねることを約束しました。

この歌のあとに『古事記』には、「故《かれ》、その夜は合はずて、明日《あくるひ》の夜、御合《みあひ》したまひき」と記されています。つまりこの最初の夜の求婚には失敗したが、その最後にヌナカハヒメが歌の中で約束した通りに、ヤチホコの神は次の日の夜に、この女神と存分に交合を遂げることになったというのです。

スセリビメと詠み交わした歌の意味

このヌナカハヒメと、長い歌を詠み合った末にした結婚の話に続いて、『古事記』にはヤチホコの神が出雲で正妻のスセリビメと、やはり長い歌を詠み交わしたことが物語られています。それによるとヤチホコの神は、ヌナカハヒメと結婚したあとで、いったんまた彼の本拠地の出雲に帰り、そこから大和の国を目指して旅に出ようとして、身支度をすっかり整えました。そして片手を乗って行く馬の鞍にかけ、片足をあぶみに踏み入れて、今にも出発しようとして見せながら、激しく嫉妬して彼を悩ませているスセリビメに向かって、次の歌を詠みました。

ぬばたまの　黒き御衣《みけし》を
まつぶさに　取り装《よそ》ひ
沖つ鳥　胸見る時
はたたぎも　これは適《ふさ》はず
辺つ波　そに脱《ぬ》ぎ棄《う》て
鴗鳥《そにどり》の　青き御衣を
まつぶさに　取り装ひ
沖つ鳥　胸見る時
はたたぎも　此も適はず
辺つ波　そに脱ぎ棄て

山方《やまがた》に　蒔きし　あたね舂《つ》き
染木《そめき》が汁に　染衣《しめころも》を
まつぶさに　取り装ひ
沖つ鳥　胸見る時
はたたぎも　此《こ》し宜《よろ》し
いとこやの　妹《いも》の命《みこと》
群鳥《むらとり》の　我が群れ住なば
引け鳥の　我が引け住なば
泣かじとは　汝《な》は言ふとも
山処《やまと》の　一本薄《ひともとすすき》
項傾《うなかぶ》し　汝《な》が泣かさまく
朝雨《あさあめ》の　霧に立たむぞ
若草の　妻の命《みこと》
事の　語言も　是をば

つまりオホクニヌシは旅に着て行くために、まずまっ黒な衣を、次にはカワセミのように青い衣を、丁寧に身に着け、沖のカモメがするように胸を見て、カモメが羽ばたきをするように袖をはためかせてみたが、どちらも似合わなかったので、引いて行く波のように脱ぎ捨てたというのです。そしてそのあとで山に蒔いた茜《あかね》を搗いた染料で赤く染めた衣を、丁寧に身に着けて同じようにしてみると、これは具合よく似合ったので、それを行く先で女神を魅了するための装いにすることに決めたというのです。

そしてこのようにして自分が、いやが上にも魅力的に見えるように、入念に衣を選んだことを、ことさらに歌って聞かせたあとで、彼は「愛しい妻の女神よ」と言って、スセリビメに呼びかけました。そして自分が鳥の群れが飛び立つようにして、従者たちと連れだって行ってしまえば、「泣きはしない」と言っていても、お前は山に一本だけ生えているススキのように、一人でうなだれて泣き、その嘆きの息は、朝の雨の霧となって立ちこめるだろうと言ったというのです。

そうするとスセリビメは、大きな酒杯を持って夫の神の側に寄り添って立ち、その杯を夫に向けて差し上げながら、次の歌を詠みました。

八千矛の　神の命や　吾が大国主
汝《な》こそは　男《を》に坐《いま》せば

打ち廻《み》る　島の埼埼《さきざき》
かき廻《み》る　磯の埼落ちず
若草の　妻持たせらめ
吾《あ》はもよ　女《め》にしあれば
汝《な》を除《き》て　男《を》は無し
汝を除《き》て　夫《つま》は無し
苧衾《むしぶすま》　柔《にこ》やが下に
栲衾《たくぶすま》　さやぐが下に
沫雪《あわゆき》の　若やぐ胸を
栲綱《たくづな》の　白き腕《ただむき》
そだたき　たたきまながり
真《ま》玉手《たまで》　玉手さし枕《ま》き
股長《ももなが》に　寝《い》をし寝《な》せ
豊御《とよみ》酒《き》　奉《たてまつ》らせ

この歌の中でスセリビメはまず、夫の神を「ヤチホコの神であられる、私のオホクニヌシ」

と呼びながらその彼に、「あなたは男であられるので、まわって行かれる島のどの岬にも、また海岸のすべての岬まで残さず、至るところに妻を持っていられるが、私は女であるので、あなたのほかには男も夫もいません」と言って苦情を述べました。

そしてその上で「どうか、ふわふわと揺れる綾織りの几帳の下に敷いた、柔らかな絹の夜具と、さやさやと音を立てる楮《こうぞ》の夜具の下で、沫雪のように柔らかく若々しい私の胸と、真白な私の腕を、そっと叩いて愛しがり、玉のような手をさし交わして枕にし、脚を長く伸ばしてお寝みになられてください」と言って、自分との媾合を求め、「自分の差し出している美味しい酒を、どうか召し上がってください」と懇願しました。そうするとオホクニヌシは、この妃の女神の願いをすぐに聞き入れました。それで両神はさっそく杯を交わして、あらためて夫婦の誓いを固め、たがいのうなじに手を掛け合って抱擁したので、それでこのような相擁した姿で、現在に至るまで鎮座し崇められ続けることになったのだというので、『古事記』にはそのことが、「即ちうきゆひして、うながけりて、今に至るまで鎮まり坐す」と言われています。

ヤチホコの神がした結婚による「国作り」

このスセリビメの歌からは、ヤチホコの神であるオホクニヌシがそれまで、国中を旅してまわっては行く先々で、その土地の女神との結婚をくり返してきたことが知られます。彼は明らかに、そのやり方で「国作り」の事業を推進していたのだと思われます。なぜなら彼が結婚した各所の土地の女神たちは、それぞれの場所の土地そのものが神格化された存在でした。それらの女神たちを、妻にしては妊娠させ出産させることで、ヤチホコの神は行く先の至るところの土地を豊沃にし、農産物などの富をふんだんに産出する、「国」の一部に作り上げることに、倦まずに精励していたのだと思われるわけです。

ヌナカハヒメに向かってヤチホコの神が詠んだ歌からは、この女神との結婚が、『古事記』で、この神のその営為の冒頭に物語られていますがじつは、その締め括りになる出来事だったことが分かります。

そのことをヤチホコの神は歌の中で、ヌナカハヒメの住む場所を、「遠々し、高志の国」と呼び、そこに今やっと辿り着くまでに、彼が国中で妻問いを重ねて来たことを、「八島国、妻枕きかねて」と言うことで、自身ではっきりと表明していると思われます。

ヌナカハヒメの住む越の国を、「遠々し（とても遠い）」と形容することでヤチホコの神は、自分が長い妻問いの旅をした末に、今やっと辿り着いたその地が、彼が豊穣な「国」に作り上げてきた地域の「最果て」にほかならぬことを、強調したのだと見られます。ですからヌナカハヒメと結婚し、彼女の住むその「最果て」の地まで、彼によって豊沃にされる「国」の境界を広げると、そのことで彼が進めてきた「国作り」は、目指していた通りに完結することになったのだと考えられます。

それで営為の仕上げだった、ヌナカハヒメとの結婚のためには、ヤチホコの神は、求愛のための例外的な骨折りをせねばならなかったとされているので、その労苦の様が特別な歌物語として、わざわざ物語られているのだと思われます。

ヌナカハヒメとの結婚が、「国作り」を締め括る意味を持つ事件だったことから、この結婚のあとで出雲に帰ったオホクニヌシが、そこで正妻のスセリビメの願いを聞き入れ、そこからまた土地の女神たちへの求婚の旅に出ることを止めて、この正妻との夫婦の契りを、あらためて固めたとされていることの意味も、よく理解できるようになります。

ヌナカハヒメとの結婚を、彼にとっては例外的だった求愛のための骨折りの末についに果たし、それによって「国作り」を意図の通りに完了したヤチホコの神には、その「国作り」のために彼がしてきた、各所の女神たちと結婚するための旅を、それ以上は続ける必要が無くなっていたわけです。

出雲に帰ったヤチホコの神は、そこでスセリビメの願いを聞き入れて、これ以上の妻問いの旅に出ることを止め、彼の正妃から要請された通りに、酒杯を交わして彼女との夫婦の固い契りをあらためて誓いあい、今に至るまでたがいの首に手を掛けて相擁し合う関係を持ち続けることになったとされているのだと、思われるわけです。

「国作り」のあいだにオオクニヌシが、ヤチホコの神と呼ばれながら耽ったとされている、多くの女神たちとの性愛は、このように明らかに、豊穣神としてのこの神の働きと、切り離すことのできぬ結びつきを持っています。国の隅々まで旅をし、各所で土地の女神たちを妻にして愛撫しては、妊娠させ多くの子を出産させることで、ヤチホコの神であるオホクニヌシは、豊かな「国」を作り上げる作業に精励していたわけです。

ヤチホコの神が国の至るところでした、土地の女神たちとの結婚のことが記されたあとに、『古事記』では、オホクニヌシとスクナビコナとの不思議な出会いのことが物語られています。そしてこの小人の神とオホクニヌシが兄弟の関係を結んで、いっしょに国中を旅してまわり、不離の協力をしながら「国作り」に励んだことが、語られているのです。

ヤチホコの神の結婚とスクナビコナとした「国作り」

これらの記事を『古事記』に書かれている通りに読めば、根の堅州国から地上に帰って来て、八十神たちを掃討したあとで、オホクニヌシはまずヤカミヒメを約束していた通り連れて来て妻にしましたが、この結婚はスセリビメの所為で破局に終わりました。そしてそのあとで、ヤチホコの神と名乗り国中を旅しながら、行く先々で土地の女神を妻に娶り、その最後に遠い越（高志）の国まではるばる出かけて行って、ヌナカハヒメと結婚しました。それから彼は出雲に帰って、そこでスセリビメの願いを聞き入れ、そこからまた女神たちと結婚するための旅に出るのを止め、この正妻との夫婦の契りを、あらためて不動のものとして誓い合って固めました。

そしてそのあとで彼は、美保の岬の海岸でスクナビコナと出会い、兄弟となったこの神といっしょに、また国中を旅してまわって「国作り」をしました。それから最後にスクナビコナに去られたあとで、その「国作り」を大物主に助けられて完成したということになります。これは明らかに話として、まったく不自然だと思われます。

『古事記』では、相次いで起こったことのような述べられ方がされていますが、オホクニヌシがスクナビコナといっしょに、「国作り」のためにしたとされている旅はじつは、『古事記』にその前にあったことのように言われている、彼がやはり国中を旅してまわりながら、各所でしたという土地の女神たちとの結婚と、別々の事件ではないのではないでしょうか。

スクナビコナは、まるで穀粒のように微小だったとされているその小躯からも、また粟の実ったときにその茎に弾かれて、海を越えて常世の国へ飛んで行ってしまったと語られていることからも明らかなように、オホクニヌシが「国作り」をしながら栽培を広めてまわった、穀物の種の神格化された、穀霊神にほかならなかったと思われます。

そのことは彼がカムムスヒの息子で、この親神の手の指のあいだからこぼれ落ちて、天から下界にやって来たと語られていることからも、はっきりと確かめられます。
カムムスヒは第二章で見たように、スサノヲがオホゲツヒメを殺して、この女神の死体の諸処からカイコと五穀が発生したときに、それらを取ってこさせて種にしたことを、『古事記』にこう物語られています。

故《かれ》、殺さえし神の身に生《な》れる物は、頭に蚕《こ》なり、二つの目に稲種生り、二つの耳に粟生り、鼻に小豆生り、陰《ほと》に麦生り、尻に大豆生りき。故ここに神産巣日御《み》祖《おや》命、これを取らしめて、種と成しき。

つまりカムムスヒは、穀物と豆を最初に種にした、種の親神だったわけです。この神の息子で、その手の指のあいだからこぼれて落ちたというのですからスクナビコナはまさしく、穀物の種そのものと区別の無い存在だったと、言うほかありません。
オホクニヌシの「国作り」はですから、彼がこのスクナビコナと国中をめぐりながら、この穀霊神に体現されていた穀物の種を各所の土地に播いて、豊作を広めてまわる旅でした。そしてそれはまた同時に、ヤチホコの神であるオホクニヌシが、各地で女神と媾合しては、その場所の土地そのものである女神の体内に、自身の男性の精をふんだんに施してまわる旅でもあったわけです。因みに種と精液はどちらも、ギリシャ語ではsperma、ラテン語ではsemen、フランス語ではsemence、英語ではseedで、ヨーロッパの言語では呼称の区別はありません。

「国作り」の要具だった「八千矛」と「広矛」

ヤチホコの神という渾名は、このように各所でその土地の女神と結婚しながら「国作り」を果たした神を呼ぶのに、まさに相応しい呼称だったと思われます。この渾名は、敵と戦うための武器の矛を、八千本つまり無数に持つ神として、オオクニヌシの武勇を讃えたものでは、明らかになかったと思われます。根の堅州国から持ち帰った大刀と弓矢が、八十神を征伐するための真に有効な武器として、この神の役に立ったのとは違って、オオクニヌシが八千本も持っているという彼の矛を使って、敵と戦ったということは、神話のどこにも物語られていません。ヤチホコの神という渾名で呼ばれるこの神の事績として語られているのはただ、彼がした女神たちとの結婚のことだけです。

このことからヤチホコの神という呼名の中に出てくる矛が、オオクニヌシにとって敵と戦うためではなく、女神たちとの結婚つまり媾合を遂げるために、肝心だった用具を指していることが明らかだと思われます。矛に擬えられる交合のための具と言えばすぐに思い浮かぶのは、矛のように雄大に勃起した男根です。つまりヤチホコの神というのは、行く先々で女神と交合し、受胎させては出産させてまわるこの神が、巨大な陽根を無数に持つと思われるほど、旺盛な精力がまさに無尽であることを、驚嘆の念をこめて讃えた呼名だったと思われるわけです。

オホクニヌシが「国作り」のために使用したもっとも肝心な用具が、彼の雄大な陽根にほかならぬ矛だったということは、『日本書紀』の記述からも、確かめることができます。『日本書紀』には彼が、アマテラスによって地上の支配者として降されてくる天孫に、「国」を譲ることを承知したときに、高天原からそのことを求めに彼のもとに派遣されてきた、二柱の使者の神のフツヌシとタケミカヅチに、「国平《む》けし時に杖《つ》けりし広矛《ひろほこ》」と呼ばれている矛を、こう言って授けたと物語られています。

　吾此の矛を以て、卒《つひ》に功治《ことな》せること有り。天孫、若《も》し此の矛を用《も》て国を治《し》らば、必ず平《さ》安《き》くましましなむ。今我当《まさ》に百足《ももた》らず八十《やそ》隅《くまで》に、隠《かく》去れなむ。

つまりオホクニヌシは、ここで「広矛」と呼ばれている矛を、武器として使うのではなく杖にして突きながら、各地を平定してまわって「国作り」を成し遂げることができたとされているわけです。それで彼は、そのようにして彼が作り上げた「国」を天孫に譲って、自身は「百足らず八十隅」つまり目に見えぬ幽界に隠れるに当たって、顕界の「国」を平和にし豊穣にするための具として不可欠なその「広矛」も譲って、その威力を用いれば「国」を「平安」にできることを、天孫に教えようとしたとされているのだと思われるわけです。

オホクニヌシが「国作り」をしながら杖として用いて、各所の土地を突いてまわったというこの「広矛」に、彼がヤチホコの神と名乗って女神たちを妻にしながら、各所の土地そのものにほかならなかった女神の体に突き立てた、この神の陽根を表わす意味があったことに、疑問の余地はありません。彼の「国作り」は、雄大な男根を表わす意味を持った「広矛」を、杖にして突いて土地を豊穣にしてまわることでもあり、精力の無尽さを讃えて、「八千本の矛」と呼ばれた陽根を、各地で妻にする女神に、突き刺してまわることでもありました。そしてそれはまた同時に、穀物の種そのものの神格化された、穀霊神のスクナビコナと兄弟になって、国中に種を播きながら穀物の栽培を広めることでもあったのです。

スクナビコナとした旅の締め括りとして、この神に去られたあとにオホクニヌシは、大物主の目に見えぬ助けによって、スクナビコナとしてきたことの結果のすべてを、不動の秩序に定めることで、「国作り」を完成させました。そのときに彼はまた、彼がそのときまで、「国作り」のためにしてきた、女神たちとの結婚のための旅を続けるのを止め、あらためて正妻スセリビメとの夫婦の契りを不動のものとすることを、固く誓い合いました。それでそのことで彼とスセリビメとの結婚は、このときに大物主が三輪山に祭られることによって定まった不動の秩序の一つとなり、スサノヲがかつて彼と別れるに当たってヨモツヒラ坂から叫んだ、「その我が女須世理毘売を嫡妻として」という命令は、その通りに実現されることになったわけです。

（1）吉田敦彦・吉川のり子『日本の神話伝説』、青土社、一九九六年、一四六〜一四七頁。

（2）大野晋『語学と文学の間』、岩波現代文庫、二〇〇六年、五〇頁。

（3）同書、五一頁。

オホクニヌシの国譲りと天孫の降臨

地上にまず遣わされたアメノホヒとアメワカヒコ

『古事記』によれば、オホクニヌシによって「国作り」がされたところで、天から下界を見たアマテラス大御神は、その「国作り」された土地を、「稲を植えれば、秋が来るたびに永遠に豊かな穂が実り続ける国」という意味の「豊葦原《とよあしはら》の千《ち》秋長五百《あきながいほ》秋《あき》の水穂《みづほ》の国」と呼びました。そしてその水穂（『日本書紀』では瑞穂）の国は、自分の子のマサカツアカツカチハヤヒアメノオシホミミノミコトが統治するべき国だと宣言して、オシホミミに、天からそこに降りて行くように命令しました。

オシホミミは、天から降りて行くための通路の天の浮橋（虹の橋）の上に立ち、そこから下界を見て「豊葦原の千秋長五百秋の水穂国はいたく騒《さや》ぎてありなり」と言いました。つまりたしかに稲を秋ごとに豊かに実らすことのできる国だが、反抗する土地の神たちが大勢いて騒がしい。自分が降りて行っても、統治できる状態ではない、と言ったというのです。そしてそこから天に帰って、アマテラスにそのことを報告しました。

アマテラスは、後見役の偉い天神・タカミムスヒとともに命令して、天の安の河の河原に、八百万の天神たちみんなを集めました。そして、タカミムスヒの息子の知恵の神のオモヒカネに、葦原中国の平定のためにどの神を遣わしたらよいか、天神たちみんなと考えるように命じました。それでオモヒカネと天神たちは相談して、「アメノホヒの神を遣わすのがよろしいでしょう」と申しました。

アメノホヒはアマテラスがスサノヲと、ウケヒをして子を産み合ったときに、アマテラスが左の角髪《みづら》に付けていた曲玉の飾りからオシホミミが生まれたのに続いて、右の角髪に付けていた曲玉の飾りから誕生した、アマテラスの息子の神の一人です。

それでこの神がまず、国つ神と呼ばれる地上の神たちを服従させるために、天から派遣されました。

しかし、地上にはオホクニヌシの神がいて、国つ神たちを指揮して、「国」を支配しています。アメノホヒは、そのオホクニヌシにすっかり手なずけられてしまって媚《こ》び諂《へつら》うようになり、三年経っても天に、報告のために戻って来ませんでした。

アマテラスとタカミムスヒはそれで、また天神たちを集めて、「地上に遣わしたアメノホヒが、長いあいだ報告に帰ってこないが、今度はどの神を派遣すればよいか」と尋ねました。そうするとオモヒカネがまたみんなを代表して、「アマツクニタマの神の子のアメワカヒコを、遣わすのがよいでしょう」と申しました。

それでアメワカヒコに、国つ神たちを平定するための武器として、アメノカコ弓という弓と、アメノハハ矢という矢を与えて、地上に降りて行かせました。

だがこの神は地上に着くと、オホクニヌシからシタテルヒメという娘の神を、妻に与えられました。そしてやがて義父から受け継いで、自分が「国」の主になれるのではないかと考えて、八年経つまで天に報告に帰って来ませんでした。

アマテラスとタカミムスヒはそこでまた、天神たちを集めました。そして「アメワカヒコが長いあいだ、報告に帰ってこないが、今度はだれを遣わしてアメワカヒコに、いつまでも地上に留まっているわけを、問いたださせればよいか」と尋ねました。そうすると天神たちとオモヒカネは、「ナキメという名のキジを遣わせばよいでしょう」と申しました。それでそのキジに、アメワカヒコのところへ行って、乱暴な地上の神たちを服従させるために派遣されたのに、なぜ八年経っても報告に帰ってこないのか、そのわけを問いただすように命令しました。

キジのナキメは地上に降りて行って、アメワカヒコが住んでいる家の入り口に生えている、桂の木に止まりました。そしてそこから鳴き声をあげてアメワカヒコに、命じられてきた通りのことを質問しました。そうするとアメノサグメという女神がそれを聞いて、「この鳥は鳴き声がひどく聞き苦しいので、射殺しておしまいなさい」と、アメワカヒコに進言しました。

アメワカヒコは、天から授かってきた弓と矢で、キジを射殺しました。そうするとその矢はキジの胸を貫通し、そのまま天まで飛んで行って、アマテラスとこの場面ではタカギの神という渾名で呼ばれているタカミムスヒが、天の安の河の河原に天神たちを集めているところにとどきました。

タカギの神は、矢羽根に血のついているその矢を取り上げて、「これはアメワカヒコに授けた矢だ」と言って、天神たちに見せました。そして「もしも命じられた通りに、悪い神を射たのなら、この矢がアメワカヒコに当たらないように。もしも邪しまな心を持って射たのなら、アメワカヒコはこの矢の災いを受けるように」と言って、その矢を通り抜けてきた穴から、下界に投げ返しました。

すると矢は、朝、まだ床に寝ていたアメワカヒコの胸に命中して、アメワカヒコは死にました。

最後に派遣されたタケミカヅチの活躍

そのあとでアマテラスはまた、「どの神を遣わせばよいか」と尋ねました。そうするとオモヒカネと天神たちは、「天の安の河の河上の岩屋にいる、イツノヲハバリの神か、そうでなければその神の子のタケミカヅチの神を遣わすのがよいでしょう」と答えました。

また「ヲハバリの神は、天の安の河の水を逆さにせき上げて、自分のところに来る道を塞いでいるので、他の神にはそこへ行くことができません。ですからアメノカクの神を遣わして、意向を尋ねさせればよいでしょう」と、申しました。

それでアメノカクの神を遣わして尋ねさせると、ヲハバリは、「恐れ多いことでお仕えしますが、この使者の任務には自分の子のタケミカヅチの神を、お遣わしになられてください」と言って、タケミカヅチの神を差し出しました。それでそのタケミカヅチを、アメノトリフネという神といっしょに、葦原中国に降りて行かせました。

前章で見たように『日本書紀』では、タケミカヅチといっしょにフツヌシという神が、使者として下界に遣わされたことになっていますが、『古事記』ではタケミカヅチに使者として同行したのは、下界に降りるための乗物の役をする、アメノトリフネという船の神だったことになっているのです。

二柱の神は出雲の国のイザサ（大社町の稲佐のことか）というところの海岸に降り、そこで剣を抜いて、切っ先を上にして波頭の上に突き立てました。そしてその上に足をあぐらに組んで坐って、出迎えたオホクニヌシに、葦原中国をアマテラスの子の神に統治させるという、アマテラスとタカギの神の意志を伝え、オホクニヌシが支配している国を、その天神の子に譲るかと尋ねました。

するとオホクニヌシは、「自分には答えられないので、息子のヤヘコトシロヌシの神が、代わって返答するが、そのコトシロヌシは、鳥と魚を捕りに三保の岬に行っていて、ここにはいない」と、返事をしました。

それでアメノトリフネが、三保の岬まで迎えに行って連れてきて質問をすると、コトシロヌシは、「恐れ多いことです。この国は天つ神の御子に献上しましょう」と言って、乗ってきた船を踏んで傾け、普通とは逆の仕方（手のひらではなく甲を打ち合わせたことか）で拍手《かしわで》を打ち鳴らして、船を青々とした灌木の垣根に変え、その中に姿を隠しました。

タケミカヅチはそれでオオクニヌシに、「あなたの子のコトシロヌシは、このように言ったが、他にまだこのことで返答をさせねばならぬ子がいるか」と尋ねました。そうするとオホクニヌシは、「もう一人タケミナカタという子がいます。他にはだれもいません」と言いました。

そこにタケミナカタが、千人かかってやっと動かせるほど巨大な岩を、手先で軽々と差し上げて見せながらやって来ました。そして「私の国に来てひそひそ話をしているのはだれだ。力比べをしよう。私の方がまず、そちらの手を取ることにする」と言いました。そこでタケミカヅチが手を取らせてやると、その手はタケミナカタの手の中でたちまちまず氷の柱に変わり、次に剣の刃に変わりました。

タケミナカタが恐れて引き下がったところで、タケミカヅチが「今度は自分がそちらの手を取る」と言って、タケミナカタの手を取って、若い葦のように握りつぶして、投げ捨ててしまいました。

タケミナカタはびっくりして逃げ出しましたが、タケミカヅチは追い駆けて行って、信濃の国の諏訪湖まで追い詰めて殺そうとしました。タケミナカタはそれで降参して命乞いをし、自分はこの場所に留まって、他のところに行くことはけっしてしないと約束しました。そして父のオホクニヌシと兄のコトシロヌシの言うことに自分も従って、葦原中国は天つ神の御子に献上すると言いました。

タケミカヅチはそこでまた出雲に帰って来てオホクニヌシに、「あなたの子のコトシロヌシとタケミナカタは、天つ神の御子に服従して、国を献上することに同意したが、あなた自身の考えはどうなのか」と尋ねました。そうするとオホクニヌシは、「自分の二人の子が言ったように、この国は命じられた通りに献上する」と言いました。そしてただ自分の住む場所は、天つ神の御子がそこで皇位に登られる立派な御殿のように、地底の岩の上に太い柱を立て、屋根の飾りの千木が天までとどくほど、壮大に作って自分をそこに祭ってほしいと要求し、そうしてくれれば自分はこの出雲にいて、人の目に姿を見せることはしないと言いました。

それでオホクニヌシは、古代には実際に天までとどくかと思われるほど、並外れて高く作られていたことが知られている、壮大な出雲大社に祭られることになったというのです。

オホクニヌシが受けた手厚い処遇

『日本書紀』にはフツヌシとタケミカヅチが出雲に降ってオホアナムチつまりオホクニヌシに、

「汝《いまし》、将に此の国を以《も》て、天神に奉らむや以不《いな》や」と言って、「国譲り」をするかどうか、意志を尋ねたということが記されています。するとオオクニヌシは、「疑ふ、汝二《いましふたはしら》の神は、是吾が処《もと》に来ませるに非ざるか。故《かれ》、許さず」と答えたと語られています。

つまり「二柱の神が、本当にそのために自分のもとに来た使者なのかどうか疑わしいのに、そんなことを言うのは許せない」と、抗議したというのです。

フツヌシはそれでタケミカヅチといっしょに、いったん天に帰ってそのことを報告しました。そうするとタカミムスヒは、二柱の神をまた出雲に送って、あらためてオオクニヌシに、天からのねんごろな言葉を伝えさせました。そしてその中でまず、「今、汝が所言《まうすこと》を聞くに、深く其の理《ことわり》有り」と言って、オオクニヌシが天からの使者たちにした抗議が、もっともであることを認めました。

それから「故、更に条々《おちおち》にして勅《みことのり》せむ」、つまり「国を奉れ」と命令したことの意味を、一々筋道を立てて説明すると言って、「夫れ汝が治す顕露《あらはに》の事は、是吾孫《すめみま》治すべし。汝は以て神事《かみのこと》を治すべし」と、あらためて指示しました。つまり「あなたがいま支配している目に見える現実の世界のことは、天から送られる天孫の裁量に任せねばならぬが、目に見えぬ神の事は、これまで通りあなたが掌るのだ」と、言い聞かせました。

そしてその上で、「又汝が住むべき天日隅宮《あめのひすみのみや》は、今供造《つく》りまつらむこと、即ち千尋《ちひろ》の栲縄《たくなわ》を以て、結《ゆ》ひて百《ももむすびあまり》八十《やそ》紐《むすび》にせむ。其の宮を造る制《のり》は、柱は高く大《ふと》くし。板は広く厚くせむ」と言って、オホクニヌシが住む場所として、一天上で太陽が住む御殿にも匹敵する、立派な宮殿を、楮《こうぞ》の樹皮で作った一〇〇〇尋（一五〇〇メートル以上）の長い頑丈な縄を、百八十結びにしっかりと結んで作り、その建物の柱は高く太くし、建造には広く、厚い板を使うことを約束しました。

またさらに、「又田供佃《みたつく》らむ。又汝が往来《かよ》ひて海に遊ぶ具《そなへ》の為には、高橋・浮橋及び天鳥船《あまのとりぶね》、亦供造《つく》りまつらむ。又天安河に、亦打橋《うちはし》造らむ。又百八十縫の白楯供造らむ」と言って、オホクニヌシのために田を設ける上に、海で遊ぶことができるように橋と船を作り、天上の天の安の河にもそのための橋をかけ、また何重にも丈夫に縫い合わせた白楯も、彼のために作ることを付け加えました。そして「又汝が祭祀《まつり》を主《つかさど》らむは、天穂日命、是なり」と言って、オホクニヌシの祭りを、アメノホヒに掌《つかさど》らせることにすると付言しました。アメノホヒは、天から地上の神々を服従させるために、最初に下界に送られ、そのままオホクニヌシに手なずけられて臣服してしまったとされているアマテラスの息子の神です。

そうするとオホクニヌシは、天からのこの懇切な申し入れに従うことに、謹んで同意しました。そして言われた通り「国譲り」をして、いま自分が支配している目に見える世界の統治は、天からそのために降りて来る天孫に委ね、自身は姿を隠して見えぬ世界を掌ることを承知したとされ、そのことはこう記されています。

是に、大己貴神報《こた》へて曰《まう》さく、「天神の勅教《のたまふこと》、如此《かく》慇懃《ねむごろ》なり。敢へて命《おほせこと》に従はざらむや。吾が治《しら》す顕露《あらは》の事は、皇孫《すめみま》当《まさ》に治《をさ》めたまふべし。吾は退《さ》りて幽事《かくれたること》を治めむ」とまうす。

ここでタカミムスヒが使者たちに、あらためて伝えさせたというねんごろな言葉の中で、「又田供《みたつ》佃《く》らむ」と、オホクニヌシのために田を作る約束がされたことになっているのは、不自然であるようにも思われます。なぜならオホクニヌシは、農作を掌るのが本分の豊穣神で、『出雲国風土記』と『播磨国風土記』では、稲作も彼がスクナビコナといっしょに地上に広めたことになっています。その彼のために高天原の天神が、稲を植える田を作ってやるというのは奇妙なことと思えるからです。

ただオホクニヌシが「国作り」をしながら稲作を地上に広めたということは、『古事記』と『日本書紀』には語られていません。『日本書紀』のウケモチの話にあるように、この神の死体から五穀などが発生し、それをアマノクマヒトが天に持って来て献上したときにアマテラスは、粟とヒエと麦と豆を、「是の物は、顕見《うつ》しき蒼生《あをひとくさ》の、食《くら》ひて活くべきものなり」と言って、人間の食物に定め、「陸田種子《はたけつもの》」つまり地上の畑に植えられる作物にしたことが語られています。そして稲はこれらの雑穀や豆の類とははっきり区別して、「水田種子《たなつもの》」つまり田の作物にし、天上に田を作らせて、天神たちに栽培させたことが、こう語られています。

稲を以ては、水田種子《たなつもの》とす。又因りて天邑君《あまのむらきみ》を定む。即ち其の稲種を以て、始めて天狭《あまのさな》田《だ》及び長《なが》田に殖《う》う。其の秋の垂穎《たりほ》、八握《やつかほ》に莫莫然《しな》ひて、甚《はなは》だ快《こころよ》し。

また『古事記』にも『日本書紀』にも、スサノヲが天に昇って来たときに、高天の原には田が作られていて、スサノヲがそれをさんざんに荒らしたことが物語られています。つまり『古事記』と『日本書紀』では稲は、もとは天神たちの食物で、地上ではなく高天の原に田が作られて、栽培されていたとされているわけです。そしてその天神の食物だった稲が、後に見るようにして天孫降臨のときに、アマテラスから孫のホノニニギに授けられて、はじめて地上にもたらされたことになっているのです。

たしかにスクナビコナには、種の神格化された穀霊の性格が、はっきり見られます。だが彼に種が神格化されていた穀物は、粟が実ったときに、粟の茎に弾かれて常世の国に飛んで行ってしまったという話から明らかなように、稲ではなく粟です。

『日本書紀』にはオホクニヌシがスクナビコナと「国作り」をして、地上に栽培を広めたのが稲ではなく、ウケモチの話にアマテラスが「顕見しき蒼生の、食ひて治くべきもの」に定め、「陸田種子」にしたことを語られている、粟を始めとする雑穀と豆の類だったことを、はっきり示すと思われる話が記されています。それによるとアメワカヒコが地上に降りて行ったまま、いつまでも帰ってこない理由を知ろうとして、天からまずナナシヲノキギシつまり雄のキジが、地上の様子を見に派遣されました。ところがこのキジは、「降来《とびくだ》りて、因《よ》りて粟田《あはふ》・豆田《まめふ》を見て、則ち留《とどま》りて返らず」と言われています。つまりキジの好物の粟や豆が植えられているのを見て、喜んで地上に居着いてしまって、天に帰ってこなかったというのです。それで天からは、あらためて、雌のキジが地上に送られて、アメワカヒコに射られたのだというのです。

この話からオホクニヌシによる「国作り」が完成した時点で地上には、とりわけ粟と豆がふんだんに栽培されていたことが知られます。つまり『古事記』と『日本書紀』によれば、オホクニヌシに「国譲り」が求められた時点では稲はこのように、天上の田で育てられる天神の食物だったことになっていると思われるのです。それで問題の記事の中でタカミムスヒは、「国譲り」をする代償にオホクニヌシの為に地上に田を作って、天神たちと同様に彼も、神聖な食物の米を賞味できるようにすると、約束したとされているのだと考えられるわけです。

アマテラスとオホクニヌシの対立と和解

「国譲り」の神話にはこのように、オホクニヌシの「国作り」によって豊かに作り上げられた「国」に、自分の子孫の神を降して支配させようとしたアマテラスと、それに抵抗して自身が「国」の主であり続けようとしたオホクニヌシの神のあいだで、長いあいだにわたって対立があったことが物語られています。

この対立は、オホクニヌシを統領とする国つ神たちを服従させようとして、最初にアメノホヒが天から地上に派遣されてから三年、そのあとに同じ目的でアメワカヒコが送られてから八年、あわせて十一年も続いたことになっています。

そのあいだオホクニヌシは、最初にやって来たアメノホヒは、『古事記』に「故、天菩比神を遣はしつれば、すなはち大国主神に媚《こ》び附きて、三年に至るまで復奏《かへりごとまを》さざりき」と言われているように完全に手なずけて、高天原ではなく自分の言うことを聞くようにしてしまいました。

次にやって来たアメワカヒコは、「大国主神の女《むすめ》、下照比売《したてるひめ》を娶《めと》し、またその国を獲《え》むと慮《おもひはか》りて、八年に至るまで復奏さざりき」と言われているように、自分の娘と結婚させ、国を自分から受け継いで得られるという思惑を持たせて、やはり支配下に取りこんでしまって、高天原への抵抗を続けたとされています。

だがそのあとに『古事記』によればタケミカヅチとアメノトリフネ、『日本書紀』によればフツヌシとタケミカヅチが、使者として来て天からの要求を伝えると、ようやくその言うことを聞いて、「国譲り」を承知したことになっています。

タケミカヅチは『古事記』では、天の安の河の河上の岩屋にいる、イツノヲハバリの神の子とされていますが、アメノヲハバリとも呼ばれるこのヲハバリの神は、イザナキが帯びていたという剣の神格化された剣神です。

タケミカヅチは、イザナキが妻のイザナミを焼き殺したことを怒って、その剣で、子の火の神のカグツチの首を斬ったときに、血が剣から岩にほとばしって生まれた神の一人だとされ、父の剣神の性質を明らかに受け継いでいます。

『日本書紀』に出てくるフツヌシも、イザナキがカグツチを斬ったときに、剣からしたたった血が岩になり、その岩が親となって生まれたと物語られています。フツヌシのフツは、剣で物を断ち切る音を表わすと思われ、剣そのものの神格化された神であることが、名前からも明瞭です。

『古事記』ではタケミカヅチは、オホクニヌシの前で、剣神の凄じい威力を存分に発揮して見せたことになっています。出雲の海岸に降りて来ると、彼は波の上に抜き身の剣を逆さまに立て、アメノトリフネといっしょにその切先の上にあぐらを組んで坐って見せて、アマテラスとタカミムスヒからの要求をオホクニヌシに申し聞かせました。

コトシロヌシがまず、「国譲り」を謹んで承知したあとに、オホクニヌシのもう一人の息子の力自慢のタケミナカタがやって来て、彼に力比べの勝負を挑むと、タケミナカタに手を摑ませておいて、その手をまず氷の柱に変え、次には剣の刃に変えました。そして恐れて逃げて行くタケミナカタを、諏訪湖まで追い駈けて行って、降参させ「国譲り」に同意させました。それでオホクニヌシも、二人の息子と共に、ついに「国譲り」することを承知したのだと言われています。

『古事記』にはこのように、オホクニヌシは天から最後に使者としてやって来た剣神の威力には対抗ができずに、ついに長いあいだの抵抗を止めて、「国譲り」をしたように物語られています。だがそのことで、偉大な神としての力と資格を失ったことにはなっていません。「国譲り」をしたあとも、彼は屋根の飾りが天までとどくほど、並外れて立派な住居を建ててもらい、そこに丁重に祭られ続けることを要求して、その通りになったとされています。

『日本書紀』の記事ではオホクニヌシは、フツヌシとタケミカヅチと二柱の剣神たちの威力に屈伏するどころか、最初は彼らが、本当にそのために来た使者なのか疑わしいと言って、いったんは言い分に耳を傾けることもせずに天に帰らせました。タカミムスヒはそれで、また剣神たちを降りて行かせて、オホクニヌシがこの天からの使者たちにした冷淡な扱いが、もっともだったと認めた上で、あらためて懇切な言葉で、「国譲り」の要求の意味と、オホクニヌシがそのあとに受けることとなる手厚い処遇を詳しく説明させました。

オホクニヌシはそれで、「顕露之事」は天からそのために来る天孫に任せても「神事」は自分が掌り続け、天上の日神の御殿に匹敵する立派な宮殿を建ててもらって住み、そこで至れり尽くせりの取り扱いを受けて、アマテラスの息子の一人のアメノホヒによって祭られるという天からのこの申し入れに満足しました。そしてそこではじめて、「国譲り」を謹んで承知したことになっています。

オホクニヌシと国つ神たちが持ち続けることになった価値

オホクニヌシが「国譲り」をしたあと、それまで彼を統領として高天原に反抗を続けてきた、彼の眷属の大勢の国つ神たちも、支配者として降りて来る天神の子に仕え、守護することになったとされています。

『古事記』にはオホクニヌシが「国譲り」を承知したのに続いて、「また僕が子等、百八十神は、すなはち八重事代主神、神の御尾前《みをさき》となりて仕へ奉らば、違《たが》ふ神はあらじ」と言って、彼らが最初に「国譲り」を承知したコトシロヌシに、あと押しされまた先導されて奉仕することを約束したとされています。

『日本書紀』にはオオクニヌシが「国譲り」したあとに、彼が「国作り」を完成するのを助けたという大物主がコトシロヌシといっしょに、八十万の国つ神たちを率い天に昇って行って、「誠款《まこと》の至《いたり》を陳《まを》す」つまり忠誠心を披瀝したということが述べられています。そうするとタカミムスヒは大物主に、「あなたが国つ神を妻にするのでは、私に心から臣服しているか疑わしく思うだろうから、私の娘のミホツヒメをあなたの妻として与える」と言って、大物主を自分の娘の女神と結婚させました。そして、「八十万の神を率いて、永久に天孫を守護するように」と言い聞かせて、また地上に降りて行かせたとされ、そのことはこう物語られています。

時に高皇産霊尊、大物主神に勅《みことのり》するらく、「汝若し国神を以て妻とせば、吾猶汝を疏き心有りと謂《おも》はむ。故《かれ》、今吾が女《むすめ》三穂津姫を以て、汝に配《あは》せて妻とせむ。八十万神を領《ひき》ゐて、永《ひたぶる》に皇孫《すめみま》の為に護り奉れ」とのたまひて、乃《すなは》ち還り降らしむ。

これまでくり返して見てきたように日本の神話には、神々のあいだで激しい対立や葛藤があっても、それが解決される過程で、対立した両者のどちらか一方の存在とか価値が、否定されることにならないという大きな特徴があります。第二章で見たようにスサノヲは、高天原でアマテラスに対してひどい乱暴を働いて、たまりかねたアマテラスが天の岩屋に閉じこもって、世界がまっ暗闇の常夜になるという、大災害を引き起こしました。

それでこの椿事が解決したあとに彼は、天神たちから極悪の神のように扱われ、厳しい罰を受けて高天の原から追放されました。だがそのことで価値を失うどころか、かえってこの事件のあとで偉大な神としての真価を発揮して、なかんずくヤマタノヲロチを退治するという偉業を達成しました。そしてこの怪物の尾の一つの中から、皇室の三種の神器の一つのクサナギの剣となる神剣を発見し、それをアマテラスに献上することで、皇室を統治者とする秩序がこの国に確立するためにも、重大な寄与を果たしたことになっています。

また第三章で見たように、そのあと根の堅州国に住むことになった彼のもとをオホクニヌシが訪問したときには、この神が彼の娘のスセリビメを妻にして地上に連れ帰るのを何がなんでも阻止しようとして、オホクニヌシにひどい虐待を加え、一度はこの子孫の神を殺そうとまでしました。だがギリシア神話に娘のヒッポダメイヤに執着するオイノマオスと、その娘を妻にしようとしたペロプスのあいだにあったことが語られている、よく似たところのある争いの場合とは違って、このスサノヲとオホクニヌシの葛藤もけっきょく、一方が他方を抹殺することにはならずに、両者がたがいに価値を認めあって終わりました。

そしてスサノヲはオホクニヌシが地上でする「国作り」という事業に不可欠な後楯になり、

オホクニヌシはその「国作り」をすることで、スサノヲから託宣として受けた命令を、その通り実行することになったとされています。

これらの対立の場合と同様に、「国譲り」を求めたアマテラスに対して、オホクニヌシが国つ神たちを率いて続けた、長いあいだの抵抗も、けっきょく最後には、オホクニヌシがアマテラスの要求に従って終わったことになっていますが、その結果としてこの場合にもオホクニヌシと国つ神たちは、存在を喪失せずに価値を持ち続けることになった、とされているわけです。「国譲り」をして顕界のことはその支配者として降りて来る、アマテラスの子孫に任せ、自身は幽界に退いてもオホクニヌシは、そこから姿を見せずに地上の神事を掌り、偉大な神として出雲大社に丁重きわまりない仕方で祭られ続けることになり、国つ神たちはそれぞれ土地の土着の豊穣神として、国を豊かにするために不可欠の働きを続けることになったわけです。

第四章の終わりに見たように、『日本書紀』には「国譲り」をするにあたってオホクニヌシは、「国作り」のもっとも肝心な用具だった、自身の男根を目に見える形で表わしている「広矛」を、天から来た二柱の使者の神たちに授けて、国の支配者になるアマテラスの子孫が、それを使って国を豊かで平和にできることを教えたとされているのだと思われます。

父に代わって降臨することになったホノニニギ

このようにしてオホクニヌシがついに抵抗を止めて「国譲り」をし、国つ神たちも従順になったことを知らされると、アマテラスはそこでまたあらためてオシホミミに、下界に降りて行って国を支配するように命令しました。

『古事記』によればオシホミミはアマテラスに答えて、「僕は降らむ装束《よそひ》しるつ間に、子生《あ》れ出でつ。名は天邇岐志《あめにきし》国邇岐志《くににきし》天津日高《あまつひこ》日子《ひこ》番能邇々芸《ほのににぎの》命ぞ。この子を降すべし」と言ったとされています。つまり「自分が降ろうとして身支度をしているあいだに、子が生まれたので、ホノニニギという名のその子を降すのがよいでしょう」と、言ったというのです。

オシホミミはタカミムスヒの娘のヨロヅハタトヨアキツシヒメという女神と結婚していましたが、『古事記』によればこの妻の女神からまず、アメノホアカリの命という息子が生まれ、そのあとでちょうどこのときに、ホノニニギの命が生まれたのだとされています。

『日本書紀』の一つの記事では、アマテラスはオシホミミを降りて行かせるに当たって、タカミムスヒの娘神と結婚させせいっしょに降らせたところ、降って行く途中でまだ天と地の中間の空にいたあいだに、ホノニニギが生まれたのだとされ、別の記事では『古事記』と同様に、タカミムスヒの娘神がオシホミミと結婚して最初に産んだ子はアメノホアカリで、次にこのときにホノニニギが誕生したということになっています。

ともかくアマテラスは、オシホミミの言うことを聞いて、彼の代わりに生まれたばかりの彼の子で自分の孫のホノニニギに、『古事記』によれば、「この豊葦原《とよあしはらの》水穂国《みづほの》は、汝知らさむ国ぞと言依《ことよ》さしたまふ。故《かれ》、命《みこと》の随《まにま》に天降《あまくだ》るべし」と言って、地上に降りて行って水穂の国の支配者になるように命令しました。

アマテラスの息子のオシホミミではなく、そのオシホミミの子でアマテラスの孫のホノニニギが、水穂の国の支配者として、地上に降臨させられたことには、いろいろな点で重要な意味があると思われます。

まずホノニニギはアマテラスの孫であるのと同時に、母はタカミムスヒの娘ですので、アマテラスの後見の役をして、いっしょに八百万の天神たちを指揮している、この偉い至高神の孫でもあります。

つまり高天の原の司令者だった、男と女の最高神たち両方の孫だったわけで、「天孫」と呼ばれるのにこの上なく相応しい神だったわけです。

アマテラスから水穂の国を支配するように命令されて、天から地上に降りて行かされたときにホノニニギは、まだ生まれたばかりでした。これはアマテラスが第一章で見たように、『古事記』によればやはり誕生した直後に、父神から「汝命は、高天の原を知らせ」と言われて、高天の原の支配を命令され、誕生した地上から天に昇らされているのと、一方のホノニニギは天から地上へ、他方のアマテラスは地上から天へと、移動した方向はあべこべになっていますが、よく似ていると思われます。つまりオシホミミの代わりに、生まれたばかりの彼の子が、降りて行かされたことで天孫の降臨は、アマテラスが誕生してすぐに、高天原の女王になったときの事件と、一方が他方を裏返しにしてくり返しているような、関係を持つことになったわけです。

また『古事記』には、高天の原の支配を命じられたときにアマテラスがイザナキから、「御《み》頸珠《くびたま》」と呼ばれている玉の首飾りを、厳かに授けられたことが語られていますが、これもホノニニギが地上への降臨にあたってアマテラスから、水穂の国の支配者のしるしとして、曲玉の飾りを含む三種の神器を授けられたとされているのとよく似ています。しかも三種の神器は『古事記』では、「その招《を》きし（アマテラスを岩屋から招き出した）八尺《やさか》の勾璁《まがたま》、鏡、また草薙《くさなぎの》剣」と『日本書紀』では「故、天照大神、乃ち天津彦彦火瓊瓊杵尊に、八坂瓊《やさかに》の曲玉及び八咫《やたの》鏡・草薙剣、三種の宝物を賜ふ」と言われて、天孫降臨の記事の中でつねに、曲玉の飾りがまっ先にあげられています。つまりどちらの話でも、一方のアマテラスには天、他方のホノニニギには国の支配者のしるしとして、玉の飾りが授けられたとされているので、二つの話にはこの点でも一方が他方のくり返しのような関係が見られます。

天孫降臨とアマテラスの岩屋からの出現

このように地上で誕生したアマテラスが、そのあとすぐに父神から高天の原の支配を命じられて、天に昇らされた事件を、あべこべにしながらくり返す話になっている一方で、天孫の降臨はまた、アマテラスが天の岩屋から招き出された出来事とも、たがいに明らかに照応する関係を持っていると思われます。

天孫の降臨にあたっては、一群の天神たちがお供をして高天原から地上に降って来たことになっていますが、その中でとりわけ肝心であったのは、『古事記』では「五伴緒」、『日本書紀』では「五部神」と呼ばれている、五柱の神たちだったとされています。

これらの神たちにまずまっ先に、天孫の供奉が命じられたことは『古事記』には、「ここに天児屋《あめのこやね》命、布刀玉《ふとだま》命、天宇受売《あめのうずめ》命、伊斯許理度売《いしこりどめ》命、玉祖《たまのおや》命、并《あは》せて五伴緒《いつとものを》を支《わか》ち加へて、天降したまひき」と記されています。

『日本書紀』には、このときアマテラスからホノニニギにまず、三種の神器が授けられたことが、前掲したように語られているのに続いて、「又、中臣の上祖《とほつおや》天児屋命・忌部の上祖太玉《ふとたま》命・猨女の上祖天鈿女《あめのうずめ》命・鏡作の上祖石凝姥《いしこりどめ》命・玉作の上祖玉屋《たまのや》命、凡《すべ》て五部《いつとものを》の神《かみたち》を以て、配《そ》へて侍《はべ》らしむ」と言われて、これらの神が降臨に随伴させられて、それぞれが朝廷の祭りで枢要な働きをする氏族の祖神になったことが語られています。

天孫の地上への降臨を供奉するために、中枢の役をしたことになっているこれらの五柱の神たちは、第二章で見たように、アマテラスを岩屋から招き出すために天神たちがした祭りでも、それぞれが重要な貢献をしたことが物語られています。『古事記』ではタマノオヤ、『日本書紀』ではタマノヤと呼ばれている神は、きわめて重要な祭具だった曲玉の飾りを作り、イシコリドメは言うまでもなくアマテラスを誘い出すために肝心な働きをした、鏡を作りました。フトダマはその鏡と曲玉の飾りの掛けられた榊を捧げ持ち、アメノコヤネはその横で祝詞を唱えました。そしてアマテラスが岩屋の戸を細く開けて、アメノウズメと言葉を交わしたところで、フトダマとアメノコヤネがいっしょに、榊に掛かっている鏡をすかさず差し出してアマテラスに見せました。それでアマテラスは、鏡に映っている自分の姿に釣られて、岩屋から出て来かかったところを、岩屋戸の陰に隠れていたアメノタヂカラヲに手を取られて、岩屋の外へ引き出されることになったとされています。

五神の中でも際立って特異というほかない働きをしたことを物語られているのは、言うまでもなく、女神のアメノウズメです。彼女は、閉まっている岩屋戸の前で、伏せた桶を踏み鳴らして踊りながら、乳房と陰部を剥き出して見せました。その滑稽な様子を見た八百万の天神たちが、高天の原が鳴り響くほど大笑いをしたので、その物音を不審に思ったアマテラスが、岩屋の戸を内側から細く開いてアメノウズメに、自分が隠れて暗闇になり困っているはずなのに、彼女と天神たちが踊ったり笑って楽しんでいるわけを尋ねたのだとされています。

このようにアメノウズメは、自分の乳房と陰部を剥き出して見せることで、アマテラスが出てくるための通路を塞いでいた岩屋の戸を開かせたことになっているわけです。ところが同じ女神は、天孫を地上に降臨させるためにも、遮断されているように見えた道の障害を無くすために、これとそっくりな振舞いをしたことになっているのです。

『日本書紀』によれば、天孫が降臨のために高天の原から出発しようとしていると、そこに一行の先駈けとして遣わされていた神が、あたふたと帰って来ました。そして次のように言って、地上に降りて行くための道に、世にも恐ろしい姿をした神が、立ちはだかっていることを報告しました。

一《ひとり》の神有りて、天八達之衢《あまのやちまた》に居り、其の鼻の長さ七咫《あた》、背《そびら》の長さ七尺余り、当に七尋《ひろ》と言ふべし。且口尻明り耀れり《またくちわきあかりてれり》。眼は八咫鏡《やたのかがみ》の如くして絶然赤酸醤に似れり《てりかがやけることあかかがちのにたり》。

アマノヤチマタというのは、天から地上に降りるためのすべての道の分岐点で、天孫の一行がどうしても通らねばならぬ場所でした。そこに長さが七咫《あた》つまり親指と中指を広げた長さの七倍もある長大な鼻を持ち、背丈は七尋《ひろ》つまり一〇メートルを越えると思われるほどの巨漢で、口のわきが明るく輝き、目は大きな鏡のようで、ほおずきのような赤い光をらんらんと放っている、異様な神がいて、通り道を塞いでいると、報告されたというのです。この神のことは『古事記』には「ここに日子番能邇邇芸命、天降りまさむとする時に、天の八衢《やちまた》に居て、上は高天の原を光《てら》し、下は葦原中国を光《てら》す神、ここにあり」と言われています。

『日本書紀』によればアマテラスはそれで、天孫にお供をする神の中のだれかを派遣して、その神にそこにいるわけを尋ねさせようとしました。だが不思議な眼光を放っているこの神と、目を見合って質問できる神は、ほかにだれもいなかったのでアメノウズメに、「汝は是、目人に勝ちたる者《かみ》なり。往《ゆ》きて問ふべし」と言われて、そのことが命令されました。そうするとアメノウズメは出かけて行って、乳房を露出し、衣の紐を臍の下まで押し下げて陰部を見せながら、笑ってその神と向かい合って立ちました。

その神はそれで驚いて、それまで続けていた沈黙を破りました。そして「アメノウズメ」と呼びかけて、「なぜそんなことをするのか」と尋ねました。すると質問には答えずにアメノウズメは、「天照大神の御子が、お通りになられようとする道に、そのようにしているあなたは、いったいだれなのか」と尋ねました。そうするとその神は、「自分はサルタヒコの大神で、天照大神の御子が、いまお降りになられると聞いて、お迎えしようとしてこうしてお待ちしているのだ」と答え、降臨の邪魔をしているように見えたのが一転してそれからは、天の岩の台座を押し開き、空の幾重もの雲を押し分けて、威風堂々と降って行く天孫らの先頭に立って、日向の高千穂の峯まで、降臨の道案内を務めたと言われています。

太陽の恵みをもたらした天孫の降臨

天孫を地上に降臨させるに当たっては、アマテラスを天の岩屋から招き出すために尽力したのと、同じ五柱の神たちが働き、とりわけその中のアメノウズメはどちらの場合にも、乳房と陰部を露呈して見せることで、塞がっていた道を開くために、決定的貢献をしたことになっているわけです。

その上『古事記』にはこのとき、五伴緒の神たちに加えて、オモヒカネとアメノタヂカラヲとアメノイハトワケの三神も、天孫に随伴して降ったことが記されています。オモヒカネは第二章で見たように知恵の神で、アマテラスを岩屋から招き出すために天神たちがした祭りのやり方を、考案したとされています。

アメノタヂカラヲは大力の神で、『古事記』にはアマテラスが岩屋から出て来かかったときに手を取って、外に引き出したとされています。『日本書紀』には、この祭りでアメノコヤネが唱えた祝詞の美しさに感心して、アマテラスが外の様子を見ようとして細く開けた岩屋の戸をすっかり引き開けて、日神の光が世界を照らすようにしたのだともされ、そのことがこう物語られています。

> 時に日神聞《きこ》しめして曰はく、「頃者《このごろ》、人多に請《さは》すと雖《いへど》も、未だ若此言《かくいふこと》の麗美《うるは》しきは有らず」とのたまふ。乃《すなは》ち細《ほそめ》に磐戸を開けて窺《みそなは》す。是の時に、天手力雄神、磐戸の側に侍《かくれさぶら》ひて、則ち引き開けしかば、日神の光、六合《くにのうち》に満《いは》みにき。

アメノイハトワケのことは『古事記』に、「次に天石戸別神、亦の名は、櫛石窓《くしいはまど》神と謂ひ、亦の名は豊石窓《とよいはまど》神と謂ふ。この神は御《み》門《かど》の神なり」と説明されており、天孫の降臨に当たっては一行のために、『日本書紀』に「天磐座《あまのいわくら》を脱離《おしはな》ち」と言われているように、天の門を開く働きをしたことが想像できます。だがこの神が天の岩屋戸の前の祭りで何かをしたということは、『古事記』にも『日本書紀』にも言われていません。ただアメノイハトワケ（天石門別）という名前からは、この祭りでも天の岩屋の戸が開かれるに当たってとうぜん、この神の関与があったことが想定できます。

西郷信綱も「ここに手力男神と並んで天石門別神が出てくるのは、天の岩屋戸の物語に因んだものであるのは、いうを待たない」と言っているように、この神はやはり、アマテラスの出現のために岩屋の戸が開かれるのに貢献した者として、ここにアメノタヂカラヲといっしょに、名前をあげられているのだと思われます。

　このようにどちらも同じ一群の神たちによって達成され、しかもどちらの場合にもそのために、女神が乳房と陰部を剥き出して見せるという、特異と言うほかない振舞いが、決定的な役割を果たしたとされていることから、天孫の降臨は天の岩屋からのアマテラスの出現と、共通するところのある出来事だったことが、明らかだと考えられます。

　天孫のホノニニギは言うまでもなく、太陽女神であるアマテラス大御神の孫の日の御子です。その日の御子である天孫の降臨は、それによって太陽の恩沢が、地上に充溢することになるという意味を持った出来事でした。太陽の恵みに世界が浴せるようになったのはそもそもは、アマテラスが誕生して、高天の原の支配者になったことによってでした。だがこの状態は、アマテラスが天の岩屋に隠れ、世界が日光の射さぬ常夜になったことで、いったん中断されました。そして天神たちが祭りをして、天の岩屋からアマテラスを招き出したおかげで、世界はまた太陽の恵沢を享受できることになったわけです。

　だからその太陽の恵みが、天孫の降臨によって地上にも満ち満ちるためにはそこでまた、天の岩屋からアマテラスを招き出すのに貢献したのと同じ神たちが、働く必要があると考えられたのだと思われます。そしてその天孫の降臨はまた、アマテラスが誕生してすぐに高天の原の支配者になったときの事件を、変化させながらいろいろな点でくり返すとも、見られることになったのだと考えられます。

日本の神話には、太陽女神が出現するためにも、また日の御子である天孫が、地上に降りて来るためにも、アメノウズメという女神が体の隠し所まで露呈することで、塞がれていたそのための通路を開いたという、奇妙と思われる事件が語られているわけですが、これとよく似ていると思われる出来事はじつは、『リグ・ヴェーダ』の讃歌集の中で歌われている、インドの古い神話にも出てくるのです。

『リグ・ヴェーダ』の神話には、ウシャスという曙の女神が出てきますが、絶世の美女だとされているこの女神は朝まだきに、太陽に先立って東の空に顕現します。そしてそこで自分の艶やかな裸身をすっかり曝け出して見せることで、太陽が世界に出現するための通路を開くとされているのです。

そのウシャスによる裸体の顕示のことは、『リグ・ヴェーダ』第五巻の八〇番の讃歌の四節には、「多彩な色を帯びた女神は、身の丈を二倍にしつつ、東天に裸体を露呈したまう」と歌われ、また第一巻の一二三番の讃歌の一一節には、「母により磨き上げられた乙女のごとく美しく見ゆる裸体を、汝は露呈し、熟視されるにまかせたまう」と歌われています。

第一巻の九二番の讃歌の四節にはとりわけ、「彼女は舞踏する女のごとく、多彩な色を身に帯び、脹れた乳房を露呈する牝牛のごとく、その乳房を露わになしたまう」と歌われて、このときのウシャスの有様が、踊りながら豊満な乳房を剥き出して見せる、女性の姿に擬えられていいます。これは天の岩屋戸の前でアメノウズメが、踊りながら乳房を剥き出して見せたと物語られているのと、本当にびっくりするほどよく似ています。

このようなウシャスの振舞いによって、太陽の出現のための通路が解放されることは、第一巻の一二三番の讃歌では、一一節に女神による裸体の露出のことが歌われているのに続いて、一六節に、「暗闇は去った、光が近づく。彼女は太陽の歩む道を、解放した」と言われていま す。なかんずく第七巻の七九番の讃歌の四節では、ウシャスがこのようにして太陽の通路を開くことが「汝は鎖された岩屋の戸を開く」と言われています。これは言うまでもなく、アメノウズメの女体の露出によって、天の岩屋の鎖されていた戸が、開かれたことになっているのとそっくりです。

第一巻の一二三番の讃歌では、前掲した一一節の直前の一〇節でウシャスの所作が、「年若き乙女なる汝は笑みつつ、欲求する神の前に、乳房を露わしたまう」と描写されていますが、これはサルタヒコと相対したときのアメノウズメの振舞いを、まざまざと彷彿させます。

『日本書紀』には、「乃ち其の胸乳《むなち》を露《あらは》にかきいで、裳帯《もひも》を臍《ほぞ》の下に抑《おした》れて、咲噱《あざわら》ひて向きて立つ」と、このときアメノウズメが笑いながら、乳房を剥き出して見せたことが、物語られているからです。

曙の女神が太陽を出現させるために、それに先立って美しい裸身を隅なく見せるというのは、特段に奇異な出来事ではありません。夜明けごとに起こる現象を、擬人化して述べた話として、自然に理解できます。

このような古いインドの神話の曙の女神の性質が、アメノウズメに継承されていると考えれば、この女神が太陽を招き出すためにも、また陽光の恵みを地上に遍満させるためにも、肉体の隠し所を剥き出して見せることをくり返したとされているのも、不思議でなくなるのではないかと思います。

天孫によってもたらされた稲

天孫の降臨のおかげでこの国に住む人間たちは、日光の恵みのほかにもとりわけ、もう一つの素晴しい恩沢に浴することになりました。それは前にも触れたように、それまで天神の食物として、天上の田で栽培されていた稲の種が、このときにアマテラスから天孫に授けられて地上にもたらされ、それによってアマテラスが宣言した通り、「千秋長五百秋の水穂の国」になったこの国の人間たちは、地上でも田を作って稲を育て、その実りを食べられるようになったことでした。

『出雲国風土記』と『播磨国風土記』にはたしかに、オホクニヌシとスクナビコナの「国作り」によって、稲作が広められたということが物語られていますが、この二神が稲の栽培を地上に普及させたという話は、『古事記』にも『日本書紀』にも、まったく出てきません。『日本書紀』にはこれも前述したように、ウケモチの死体から五穀などが発生したときにアマテラスが、畑の作物で人間の食物となる粟とヒエと麦と豆と区別して、稲は田の作物に定め、高天の原に田（天狭田及び長田）を作らせて、その天上の田で「天邑君」らの天神たちに育てさせたことが、はっきりと物語られています。

『古事記』と『日本書紀』には共通して、スサノヲが天に昇って行ったときには、高天の原には田が作られ、そこで稲が栽培されていて、その実りをアマテラスが召し上がる、「大嘗（『日本書紀』では新嘗）をきこしめす」ための祭場が準備されていて、その田と祭場のご殿を、スサノヲが荒らしたことが物語られているわけです。

オホクニヌシの「国作り」によって、地上に栽培の広められた作物が、粟などの雑穀と豆だったとされていることは、これも見たように、そこに天から派遣された雄のキジが、「粟田・豆田を見て、則り留りて返らず」、つまり（天上には無かった、キジの好物の）粟と豆がふんだんに栽培されているのを見て、喜んで居着いて天に帰って来なかったと、『日本書紀』に物語られていることからも、明らかだと思われます。つまりオホクニヌシに「国譲り」が求められたときには、地上にはまだ稲田は無かったことになっているので、『日本書紀』によればタカミムスヒは、このとき使者の神たちに伝えさせた言葉の中で、「又田供《みたつ》佃《く》らむ」と言わせ、「国譲り」の代償の一つとして、この神のためだけに、地上にも特別に田を作ると約束したことになっている、と思われるわけです。

『日本書紀』には最初には自分の子のオシホミミに地上に降ることを命令したアマテラスが、「『吾が高天原に所御《きこしめ》す齋庭《ゆには》の穂《いなのは》を以て、亦吾が児《みこ》に御《まか》せまつるべし』とのたまふ」、つまり「私が高天の原に作っている神聖な田の稲穂を、私の児にゆだねる」と言って、稲の穂をオシホミミに授けたことが物語られています。ちょうどそこで、彼の妻にされていたここではヨロヅハタヒメと呼ばれているタカミムスヒの娘が、ホノニニギを産んだために、この新生した天孫がオシホミミに代わって、降されることになりました。それでそのホノニニギが、オシホミミに授けられていたものをすべて、あらためてアマテラスから賜わったので、稲の穂もこの天孫によって、地上にもたらされることになったのだとされています。

『日向国風土記』には、臼杵の郡の知鋪の郷（現在の宮崎県西臼杵郡高千穂町）の名が、次のような記事によって説明されていたと伝えられています。

天津《あまつ》彦々火瓊《ひこひこほのに》々《に》杵尊《ぎの》、天の磐座を離れ、天の八重雲を排《おしわ》けて、稜威《いつ》の道別《ちわ》き道別《ちわ》きて、日向の高千穂の二上の峯に天降りましき、時に、天暗冥《そらくら》く、夜昼別《わ》かず、人物道を失ひ、物の色別き難《が》たかりき。ここに、土蜘蛛《つちぐも》、名を大鉗《おほはし》、小鉗《をはし》と曰ふもの二人ありて奏言《まを》ししく、「皇孫の尊、尊《うづ》の御手以《も》ちて、稲千穂を抜きて籾と為して、四方に投げ散したまはば、必ず開晴《あか》りなむ」とまをしき。時に、大鉗等の奏ししが如《ごと》、千穂の稲を搓《ても》みて籾と為して、投げちらしたまひければ、即ち、天開晴《そらあか》り、日月《ひつき》照り光《かかや》き。因《よ》りて高千穂の二上の峯と曰ひき。後の人、改めて智鋪と号く。

この風土記の記述によれば、ホノニニギが高千穂の峯に降ったときには、地上はまだ天からの光が射さずまっ暗闇で、夜と昼の区別も無く、道も見分けられず、物の識別もできぬ渾沌の状態でした。そこで出迎えた二人の土蜘蛛つまり土地の神たちの勧めに従って、ホノニニギが千の稲穂を抜き取り、手で揉んで籾にして四方に投げ散らすと、たちまち空が晴れて、地上が太陽と月の光で明るく照らされることになったというのです。

天孫は、稲穂を撒布して稲作を広めることで、地上が太陽の光で照らされるようにしたことになっているわけですが、そのために彼が千穂を抜き籾にして投げ散らしたとされている稲はとうぜん天孫によって、高天の原からもたらされたものだったと思われます。

なぜなら天孫が降臨したときには、まっ暗闇の渾沌状態だったと言われている地上に田が作られ、そこに千もの稲穂が実っていたとは、とうてい考えることができません。他方で高天の原から授かって持ってきた稲から、天孫が千穂を抜き籾にして投げ散らしたというのは、神話の中の出来事として、けっして異常ではありません。

ギリシア神話では麦の栽培は、エレウシスの王子で農業の女神のデメテルに寵愛されていたトリプトレモスによって、地上に広められたことになっています。そのためにトリプトレモスは、実った麦の穂と、羽のある竜に引かれて空を飛ぶことのできる車を、デメテルから授かりました。そしてその車に乗って空から、各地に麦の種を撒き散らしてまわったとされています。デメテルがトリプトレモスを、麦の栽培を広めるために送り出している場面は、古代ギリシアの多くの美術作品に描かれています。そこで彼が女神から授かって持っているのはとうぜん、片手かまたは両手のそれぞれでつかむことのできる、数本の麦です。そしてその数本の麦から彼は無数の種を取って、空から地上に撒くことができたとされているわけです。

穂落とし神の稲と天孫の千穂の稲

天から根もとは一株なのに、先に千もの穂が実っている不思議な稲がもたらされて、それによってその土地で稲が栽培されることが始まったという話は、日本の伝説の中でも語られています。

東北地方から沖縄にかけてのわが国の方々には、柳田國男によって「穂落し神の伝説」と名づけられた話が流布しています。それはむかし鶴などの鳥が、天から稲の穂をくわえて飛んで来て落としてくれ、それによって稲を栽培することが始まったという話です。

この伝説のもっとも古い形は、鎌倉時代の中期の一三世紀の末ごろに、伊勢神宮の神官によって編纂されたと思われる、『倭姫命世記』という書物に記されている二篇の記事です。その一つには伊勢の内宮の摂社の伊雑の宮の起源が、次のように説明されています。

二十七年戊午《つちのえうま》秋九月、鳥の鳴く声高く聞こえて、昼も夜も止まずして囂《かまびす》し。「これ異《あや》し」と宣ひて、大幡主命と舎人《とねり》紀麻良と使に差し遣はして、かの鳥の鳴く処を見しめたまふ。罷り行きて見れば、嶋の国伊雑の方上の葦原の中に、稲一基あり。生ひたる本は一基にして、末は千穂に茂れり。かの稲を白き真名鶴咋へ持ち廻りつつ鳴きき。此を見顕はすに、その鳥の鳴き声止みき。（中略）。その処に伊佐波登美の命、宮を造り奉りて、皇太神の摂宮と為す。伊雑宮これなり。

つまり垂仁天皇の御代の二十七年の九月に、斎宮の倭姫の命のいる伊勢神宮の内宮に、空の高いところから鳥の鳴く声が聞こえて来て昼も夜も止まずにやかましいので、倭姫の命は「不思議なことだ」と言って、大幡主の命と舎人の紀麻良を遣わして、その鳥の鳴いている場所を見に行かせました。二人が行って見ると、志摩の国の伊雑のあたりの葦原の中に、根もとは一つなのに先には千の穂の茂っている稲があり、その稲を一羽の白い鶴が咋えて持ちまわりながら、鳴いていました。そして二人の使者がその様子を見とどけると、その鳥は鳴くのを止めました。それでその場所に伊佐波登美の命が、神社を造って皇太神宮の摂宮としたのが、伊雑の宮の起源だというのです。

またこの記述のあとにすぐ続く記事には、その翌年の秋に、やはりアマテラスを祭る佐佐牟江宮のあった場所（現在の三重県明和町山大淀）に、鶴がまた不思議な稲を咋えて来たことが、次のように語られています。

また明くる年の秋の比《ころ》、真名鶴、皇太神宮に当たりて天翔り、北より来りて日夜止まず翔り鳴きき。（中略）。ここに倭姫命、異しみ給ひて、足速男命を差して使として見しめたまふ。罷り到りて見れば、かの鶴は佐佐牟江宮の前の葦原に還り行きて鳴きき。使到りて葦原の中を見れば、稲生ひたり。本は一基にして、末は八百穂に茂れり。咋へ捧げ持ちて鳴きき。ここに使到りて見顕はす時に、鳴く声止みて、天に翔る事も止みき。

その次の年の秋のころにも、鶴が北の方から飛んで来て、内宮のあたりの空を、昼も夜も休まずに、羽ばたきをして鳴きながら飛びまわりました。それでヤマトヒメノミコトは不思議に思って、足速男の命を遣わして見に行かせました。行って見るとその鶴は、佐佐牟江宮のある場所の前の葦原の中に、戻って行って鳴きました。それでそこに行って葦原の中を見ると、稲が生えていて、根もとは一つなのに先には八百の穂が茂っていて、鶴はその稲を捧げ持つように咋えて、鳴いていました。だが足速男の命が、その様子を見とどけると、鳴くのを止め、空を羽ばたきしながら飛ぶのも止めたというのです。

これらの『倭姫命世記』の伝承によれば、アマテラスを伊勢にはじめて祭ったヤマトヒメノミコトのために、鶴（『倭姫命世記』では、伊雑に稲穂を咋えてきた鶴は、大歳神《おおとしのかみ》だったとされています）が天から咋えて持ってきた稲は、根もとは一つでも先に千あるいは八百もの穂が実っていたとされているわけです。この話やその前に見たギリシア神話のトリプトレモスの話などと引き比べてみても、天孫のホノニニギはとうぜん、アマテラスから授かって高天の原から持って降りて来た稲から、地上で千穂を抜き籾にして撒き散らして、稲作を国に広めることができたと考えられます。

そしてそうすることで天孫は、ギリシア神話でトリプトレモスが、麦の栽培を広めて人間を、野蛮から文化に導いたとされているように、稲を栽培させることでこの国の人々を文化の恵みに浴させ、そのことで下界の暗闇の混沌の状態を、太陽の光に明るく照らされる秩序の状態に、一変させたことになっているのだと思われます。

『日向国風土記』に語られていたというこの話にはその点で、天孫の降臨が日本神話の中で持つとされている意味が、『古事記』と『日本書紀』の神話よりも、いっそうはっきりと物語られていると考えられます。

あとがき

日本の神話の中では、三柱の神様たちがとりわけ、主役と呼べるような中心的な活躍をしています。それはアマテラス大御神と、スサノヲの命と、オホクニヌシの神で、それぞれが私たちを強く惹きつけて止まない、本当に際立って魅力的な個性の持ち主です。

中でもいちばん偉いのは太陽の女神のアマテラスで、生まれるとすぐにまばゆい光を放って世界を明るく照らし、そのまま天に昇って、天上にいる神様たちの女王になったとされています。

自分より前にいた凶暴な神や魔物を、激しい戦いの末に滅ぼして、世界を支配するようになったとされている、他の国の神話の神々の王たちが無慈悲で、敵対する者に容赦しないのとはまるで違ってアマテラスは、徹底して情け深く、ひどいことをされても罰せずに許してやろうとします。ただ慈悲深さの所為で、だれかが殺されることは我慢できず、弟のスサノヲが天で理不尽な悪行をしても庇ってやっていましたが、しまいにその乱暴の所為で機織りをしていた女神が惨死すると、激しく慨歎して天の岩屋に隠れ、世界を暗闇にしてしまったとされています。

スサノヲは物凄い怪力を持った神様ですが、大人になっても死んだ母神を慕って泣き叫び続け、草や木をすっかり枯らして、川や海の水まで乾上がらせてしまいます。それで怒った父神に地上から追放されると、天に来てひどい乱暴をして、アマテラスが岩屋に隠れてしまう事件を起こします、だがそのあと天から放逐されて地上に来ると、それまでとは打って変わって思慮深いやり方で、持ち前の武力を振るって怪物のヤマタノヲロチを退治して大手柄をあげます。そしてそのあと地下の根の堅州国に住んで、そこに訪ねて来た時には弱虫だった子孫のオホクニヌシを、偉大な神様に成長させて地上に帰らせています。

オホクニヌシは、女神が一目で恋に落ちずにいられなくなる美男子ですが、大勢の母の違う兄神たちに虐待されて、二度も殺されます。しかしそのたびに母神の尽力によって生き返り、そのあと根の堅州国でスサノヲから苦難にあわせられながら、必要だった力を身に付けます。

地上に帰るとスクナビコナという、賢い剽軽者《ひょうきん》の小人の神様と兄弟になり、いっしょに農業や医術を広めて、豊かな国を作り上げます。そしてしまいにその国を、天から降りて来るアマテラスの孫のニニギノミコトに譲り、それによってニニギの子孫の代々の天皇を元首にする日本の国ができたと語られています。

この日本の神話にはいろいろな点で、世界の他の神話には見られない際立った特色があり、それが現在までの日本の文化と日本人の生き方の中に連綿と受け継がれています。

この本ではその日本神話の特色がどのようなもので、それが私たち日本人にとって、どのようなかけがえのない価値を持っているかを、分かりやすく解説しようと努めてみました。

吉田敦彦

日本《にほん》神話《しんわ》の深層《しんそう》心理《しんり》

アマテラス　スサノヲ　オホクニヌシの役割

二〇一二年一二月二八日　初版発行

著　者　吉田《よしだ》敦彦《あつひこ》
発行者　佐藤靖
発行所　大和書房
　東京都文京区関口一—三三—四
　電話〇三—三二〇三—四五一一
装　幀　小口翔平（tobufune）
本文印刷　シナノ
カバー印刷　歩プロセス
製本所　小泉製本

ISBN978-4-479-84075-6